# Georgia

대체 조지아에 뭐가 있는데요?

Tbilisi · Kazbegi · Sighnagi · Mestia

# Georgia

대체 조지아에 뭐가 있는데요?

권호영 지음

푸른향기
Plurpurk Publishing Co

# Georgia Loves You

여행은 선물이다. 여행자들은 일상을 잊고 떠나왔다. 나이 혹은 직업 같은 개인적인 사생활은 묻어두고 길에서 만난 서로에게 웃어줄 뿐이다. 파란 하늘은 마음마저 파랗게 물들이고, 짙은 녹음은 발끝부터 솟아오르는 강한 기운을 만들어준다.

갑작스레 쏟아지는 비와 어스름한 별빛, 유난히 밝게 떠오른 달과 부드럽게 살을 에는 바람, 달콤한 꽃과 못생긴 과일 같은 사소한 것들에 감동을 느낀다. 그러다가 우리는, 당신에게 집중하기 시작하는 것이다.

소박한 꽃을 파는 할머니였을까? 진한 바닷물을 담아놓은 것 같은 와인? 눈꼬리가 쭈욱 내려가도록 함께 웃던 사람들? 대낮에 아무데서나 뻗어 자고 있던 개와 다 망가져가는 자동차…. 아니, 아마 초록빛 그림자를 흔들던 바람이었을지도 모르겠다.

직장생활을 하며 여름과 겨울이면 꾸준히 여행을 해오던 내가 최근에 선택한 여행지들은 주로 노르웨이나 탄자니아 같은 '자연이 아름다운 곳'이 많았다. 오랜 역사를 자랑하는 유럽의 세련된 도시, 다양한 건축양식을 자랑하는 랜드마크, 아기자기한 골목길을 걷다가 길을 잃어도 괜찮은 기분에서 이제는 벗어나볼까 하는 욕심이 생기기 시작했던 것 같다.

그때쯤 서병용 작가님을 알게 되었다. 작가님은 유럽의 모든 나라 중에 '조지아'가 가장 아름다운 곳이라고 했다. 자연 풍광, 음식, 사람과 음악, 모든 것을 다 갖춘 나라는 흔치 않을 거라며.

으응? 의심의 눈초리와 함께 고개를 갸웃하며 "정말이에요?" 하며 되물을 수밖에. 너털웃음을 지으며, "제겐 그랬어요."라고 하시는 작가님의 눈이 별처럼 빛났다.

스위스 사람들이 산을 감상하러 오고,
프랑스 사람들이 와인 마시러 오는 곳.
이탈리아 사람들이 음식을 맛보러 오고,
스페인 사람들이 춤을 보러 온다는 곳.

곧바로 조지아 행 항공권을 구입했다. 해가 너무 뜨겁다는 여름의 불볕더위가 지난 9월이 최적기란다.

그리고 지금 여긴, 조지아이다. 조지아와 사랑에 빠지는 시간은 순간이었다. 4세기부터 흐르는 역사를 품은 건축물은 그 가치를 고고하게 풍긴다. 세상에서 가장 오래된 와인 생산지를 자랑하면서도 테이스팅 와인을 아낌없이 내어준다. 도도하며 순박하다. 걸음을 딛는 골목 길 오른쪽, 왼쪽 모퉁이마다 푸른 도시의 향기가 났다. 러시아와 터키 등에서 많은 여행자들이 모이는 곳이라 그런지, 영어보다 러시아어가 많이 들려온다. 조지아어는 꼬불꼬불한 상형문자 같은 귀여운 모양새 를 하고 있는데, 그 모양이 포도넝쿨에서 따왔다는 글을 읽은 적이 있 다. 비행기에서 글씨를 따라 써보며 알파벳을 외웠더니, 운전하며 보 이는 간판들 읽는 재미가 쏠쏠하다.

"안녕하세요(가마르조바 გამარჯობა)."

"감사합니다(마들로바 გმადლობთ)."

무작정 조지아어로 인사하며 다가가니, 웃음이 풍성해지는 즐거운 여행길이다. 영어를 하지 못하는 조지아 사람들이 많아 다소 인상이 무뚝뚝해 보일 수는 있으나, 사실은 친절한 사람들이다. 좁은 골목길, 시골길에서 마주치는 사람들에게 먼저 "가마르조바"라고 인사하면, 함 박웃음과 함께 "가마르조바"가 되돌아올 것이다.

* 이 책은 사진 찍는 제이와 함께 한 여행 이야기입니다.

MESTIA

ZUGDIDI

BLACK SEA

TURKEY

RUSSIA

KAZBEGI

TBILISI

SIGHNAGI

AZERBAIJAN

ARMENIA

## 3. 트빌리시

13

# 1. 트빌리시에서 카즈베기

# 첫날 밤, 트빌리시

## (Tbilisi, თბილისი)

| 킨들리호텔(KINDLI Hotel)

　트빌리시에서 눈을 뜬 첫날 아침, 피곤함에 몸을 던졌던 침대를 정리하고 방 구석구석에 눈길을 뻗어본다. 어둠 속에서 잘 보이지 않았던 장식품이라든지, 천장과 벽이 이어지는 부분에 파란색 페인트칠이 벗겨진 것이라든지, 조금은 지저분한 거울 속으로 비추어 보는 나의 민낯까지도. 아무것도 아닌 흔한 창밖 풍경들도 여행 첫날 아침에는 이국적으로 다가온다. 지나가는 사람이 몇 없는 골목길에서도 새들은 후드득 아침을 열고 있었다.


　"여기야, 킨들리호텔."
　"고마워, 마들로바!"


　지난밤의 기억을 떠올려본다. 공항에서부터 타고 온 택시기사가 가리킨 건물은 밤이라 그런지 입구가 잘 보이지 않았다. 새어 나오는 불빛이 전혀 없었다. 가로등의 주홍 불빛에 반사되어 보이는 작은 호텔

간판을 발견하고 나서야 안심했다. 택시에서 내린 곳은 호텔 뒤쪽이었고, 1층은 다른 용도로 사용 중인 것 같았다. 좁은 입구에서 이어지는 계단을 끙끙대며 올라갔다.

호텔이라기보다는 게스트하우스라는 이름이 더 어울리는 것 같다. 거실쯤 되는 공간 한가운데에 리셉션 데스크가 있었고, 다행히 자정이 넘은 시간에도 예약번호를 확인해 줄 남자가 책상을 지키고 있었다. 벽면에 걸린 TV가 켜진 채 귓가를 윙윙 울린다. 예약 확인서를 프린트해서 손에 들고 있던 그는 한글 이름을 가까스로 발음했다.

"너의 이름이 권⋯?"
"맞아, 그게 내 이름이야."

조지아에는 처음 왔느냐 같은 평범한 대화를 나누다가, 그가 묻지도 않았는데 다음날 바로 카즈베기로 떠나느라 여기에서는 1박만 예약했다는 등 구구절절한 설명을 덧붙였다.

배정받은 방은 그 남자가 일하는 책상 맞은편으로 겨우 2미터쯤 떨어진 곳에 있었다. 그러니까 조금만 정신을 차리고 둘러보면 여기는, 어린 시절 2층 집에 사는 친구 집에 놀러 갔을 때의 추억 같은 것을 불러일으키는 장소였다. 자정이 넘은 시각이었으니 겨우 씻고 자느라 제대로 둘러보지 못했지만, 다음날 아침 문을 열고 나와서 마주한 장면은 꽤 정겨웠다. 3층으로 이어지는 나무계단은 아침식사를 하러 내려오는 사람들로 인해 삐걱거렸고, 거실(이라고 부르자) 왼편으로는 사람들이 식사를 할 수 있는 소박한 공간이 있었다. 가족이 둘러앉을 만한 식탁이 한가운데에 있는 그런 주방 말이다. 식탁보는 노랗고 초록색인 잔 체크 무늬였다.

발코니로 나가 보았다. 전망이라고 해봤자 멀리 보이는 하늘 아래, 그저 그런 올드시티의 골목이 다라서 실망할 뻔했지만, 알고 보니 그곳은 내가 트빌리시에 머무는 동안 열 번도 넘게 지나다닌 핫한 골목이었다. 밤이 될수록 반짝반짝 매력을 뿜어내는 작은 골목길에서 멈춰서서 'Kindli Hotel' 간판을 올려다보곤 했다.

어젯밤에 책상에 앉아 있던 그는 마치 밤을 샌 듯 아침에도 그 자리에 앉아 있었다. 턱수염이 1cm는 더 자란 것 같았다. 소파에 앉아 있던 러시아 남자가 내게 다가왔다.


"너 혹시 일본인이니?"
"아니, 한국인이야."


발코니로 나갔는데 따라 나온다.


"그럼 혹시 일본말 할 줄 아니?"


읽을 줄만 안다고 대답을 했더니 대뜸 핸드폰 사진을 내밀며 일본어로 적힌 타투 사진을 보여준다. 그는 외국어로 타투를 새기고 싶었던 걸까, 누군가의 몸에 새겨진 의미를 알고 싶었던 걸까, 직업이 타투이스트인 걸까, 같은 생각이 재빨리 머릿속에서 맴돌았지만 물어보진 않았다. 일본어로 적힌 그 문장의 의미를 알고 싶다고 했는데, 아쉽게도 나는 히라가나 정도만 읽을 수 있었기 때문에 잘 모른다고, 대신 함께 그 의미를 찾아봐 줄 수는 있다고 하려다 그만두었다.

발코니의 나무로 만든 난간 바로 뒤로 나무로 만든 긴 테이블이 있었고, 아침부터 눈부신 해가 가득 들어와 나무 테이블을 따뜻하게 데워 놓았다. 인도에서 왔다는 여자는 눈인사만 찡긋하고는 말없이 담배를 피웠다.

긴 나무 의자 위에 껑충 올라가 앉았다. 오래 머문 사람들이 알지 못하는 여행 첫날의 기분이 자꾸 마음을 두드렸다. 상기되어 부풀어 오른 마음은 얼굴에서 입술을 비집고 나와 빛과 함께 부서졌다. 하룻밤 겨우 머물다가 떠나는 숙소였지만, 마음을 반쯤 내보이고 말았다.

## 조지아 여행 첫 미션,
## 공항에서 해야 할 일 3가지

조지아에 대해 한 줄 평을 해야 한다면 '유럽의 동남아'쯤이 좋겠다. 유럽이 품은 자연과 올드시티old city의 이국적인 분위기, 아직은 발달이 덜된 교통편과 도시 상황, 저렴하기로는 최고인 물가를 내세울 수 있으니까.

대체로 좋았지만 '조지아의 그 모든 것이 좋았다.'라고 하려니 별 한 개를 빼야겠다. 운전 실력 둘째가라면 서러운 조지아 사람들 틈에서 렌터카 여행은 엄두가 나지 않았고, 그렇다 보니 도시 간 이동이 쉽지만은 않았기 때문이다.

조지아 여행에서 꼭 가야 할 두 곳은 단연, 카즈베기Kazbegi와 메스티아Mestia이다. 하지만 이 두 곳을 가려면 조지아의 수도인 트빌리시를 거칠 수밖에 없다는 것이 포인트. '이게 그렇게 큰 문제가 될까?'라는 의문이 문득 들겠지만, 여행 계획을 세우는 도중 '이동 시간'이 주는 제약 때문에 좌절하고야 말 순간이 한두 번은 찾아오고야 말 것이다.

욕심을 조금 더 내자면, 흑해를 즐길 수 있는 바투미Batumi와 이웃나라 아르메니아Armenia도 가고 싶어진다.

'시간이 조금 더 있다고?' 그렇다면 코카서스 3국에 속한 아제르바이잔Azerbaijan을 안 갈 이유가 없지. – 이들 코카서스 3국의 사이는 실제로 다정하지 않다 – 그렇게 욕심내어 늘어나 버린 여행 코스를 다 밟으려면 무리한 스케줄이 돼버릴 수밖에!

시간을 내어 경험을 사는 배낭여행객이라면 얼마든지 가능한 일이겠지만, 직장인 여행자로서 1, 2주의 시간밖에 주어지지 않는다면 꼼꼼한 여행 계획이 필요하겠다. 한 달 동안 코카서스 3국을 여행하는 사람들도 있지만, 나는 보름 동안의 조지아 여행을 택했고, 그조차도 아쉬운 마음이 가득하여 또 방문할 계획이다.

## | 얀덱스 택시를 부르기 위한 유심 칩 구입과 공항 환전

트빌리시에 도착했다. 어둠에 갇힌 작은 공항의 공기는 낮게 깔려있다. 훅 하고 내게 안기는 그날의 냄새가 사라졌다. '조지아'라는 낯선 나라에 도착한 뒤 나는 조금 긴장했던 것 같다.

### 1. 얀덱스

흔한 '공항택시 호객'을 물리치고 얀덱스 앱으로 택시를 불렀다. 공항에 도착 하자마자 환전을 하고, 유심 칩을 구입하고, 앱을 실행하여 3분 안에 택시가 도착한다는 알림을 받고 안심하던 차였다. 어디선가 젊은 남자가 다가와서 자기 택시를 타란다. 그의 택시에서는 음악이 빵빵하게 흘러나오고 있었다. 이미 택시를 불렀다는데도 더 싸게 해줄 테니 그냥 타라고 성화다. 이쪽에서는 술을 마신 듯한 할아버지가 다가와 자기 택시를 타라고 주위를 맴돈다. 불현듯 조지아에서는 술을 마시고도 운전을 곧잘 한다는 택시기사에 관한 후기가 떠올라 바짝 정신을 차렸다. 자꾸 배신을 종용하는 사람들을 간신히 물리쳤다. 바로 눈앞에서 몸을 들이밀며 하는 설득에 넘어가지 않고 배기는 것도 힘들었다. 때마침 내가 부른 택시가 도착했기에 다행이었다.

얀덱스 앱을 이용하면 안전하고 저렴하게 도착지에 도착할 수 있다. 조지아에서 '단 한 가지' 기승을 부리는 사기 수법이 있다면 택시요금으로 장난치는 일이다. 처음 탈 때와 다른 가격을 제시하거나, 조지아 화폐단위인 라리를 달러로 바꿔 요구하는 경우가 종종 있다고 한다. 사실 이건 어느 나라 공항에서나 벌어질 수 있는 일이기도 하다. 이 사실을 알면서도 '당했다!'는 후기가 많은 걸 보면 여행지에서 벌어지는 실수가 남의 이야기만은 아닐 것이다.

---

- 얀덱스 택시 앱으로 공항-트빌리시 시내까지
: 20~25라리(약 8,000원~10,000원)
- 공항에서 일반 택시가 부르는 가격
: 150~200라리(약 60,000원~ 80,000원)


- 택시 앱은 얀덱스(Yandex)와 볼트(Bolt) 두 종류가 있다.

---

## 2. 유심 칩

공항에서부터 조지아 택시 앱인 얀덱스를 사용하려면 유심 칩을 사야겠다. 입국장을 나서자마자 보이는 서너 개의 통신사 부스 중에 어디서 사야 할지 고민이 될 때쯤 '막티Magti'라는 단어를 떠올리자. 최근 조지아 여행객이 늘어나며 같은 비행기에 한국인들이 여럿 탔을 테고, 그들이 막티 앞에 줄 서 있을 테니 눈치껏 따라가도 좋겠다.

유심 칩은 시내에서 구입하는 게 더 저렴하다는 건 누구나 다 아는 사실이다. 하지만 공항에서부터 택시 앱을 사용할 예정이고, 다음날 아침 일찍부터 장거리 이동 계획을 세운 경우에는 공항 유심 칩 구입도 괜찮은 딜이다.

- 공항 막티 유심 칩 3기가 + 국제전화 30분 : ₾30
- 공항 막티 유심 칩 8기가 + 국제전화 30분 : ₾42
- 시내 막티 유심 칩 4.5기가 + 국제전화 30분 : ₾30
- 시내 막티 유심 칩 4.5기가 + 로컬 문자 : ₾15

## 3. 환전

환전은 달러($)를 준비해 가서 조지아 화폐단위인 라리(₾)로 바꾸는 게 좋다. 공항에는 환전소 서너 군데가 있는데, 각기 다르게 적용된 환율을 주의 깊게 살펴보고 환전할 것. 시내에도 환전소가 곳곳에 있는데, 수수료는 공항과 큰 차이가 나지 않는다. 에어아스타나를 타면 경유지로 들르는 카자흐스탄에서 유로(€)로 계산할 수 있는 경우가 많았기에 유로를 약간 챙기는 것도 좋겠다.

# 2. 카즈베기

# 카즈베기(Kazbegi, ყაზბეგი)
## 가는 길

카즈베기로 가는 길은 알렉스Alex와 함께이다. 오래도록 여정을 함께 하는 사이가 되었으니 조금 더 기운차게 인사를 하고, 이름을 알려주고, 혹시 모르니 왓츠앱 번호도 주고받았다. 서너 시간 족히 걸려 도착할 길이 막막하긴 하지만, 두세 군데 뷰포인트에 들른다고 하니 다행이다. 우리나라로 치면 고속도로 휴게소 역할을 하는 곳이랄까.

### | 진발리 호수(Zhinvali Reservoir, ჟინვალი)

코카서스 산맥 남부 유역에서 쭈욱 내려오는 아라그비Aragvi 강에는 수력발전을 위한 진발리 댐이 세워졌다. 그로 인해 형성된 것이 진발리 호수이다. 영롱한 에메랄드빛이 초록색과 맞닿아 있다. 사진을 찍으며 쉬어가는 첫 번째 휴게소인 셈이다. 작은 기념품 상점들도 있었는데, 어느 마음씨 좋은 주인은 포토존을 마음껏 활용하라며 조지아 전통의상을 비치해두었다. 털모자를 쓰거나 장검을 들어보는 등의 포즈를 취하다보면 조지아라는 만화 속 주인공이라도 된 듯한 느낌이 든다.

진발리 호수에 담긴 전설이 있는데, 진발리 호수가 만들어질 당시의

일이다. 한 차례 범람이 일면서 꽤 많은 기념비적 유적들이 물속에 잠겼다고 한다. 이때 12세기 타마르Tamar 왕조 시대의 오래된 교회 역시 잠기고 말았는데, 언젠가 수심이 낮아지면 교회의 모습이 드러날 것이라는 거다. 조지아의 미스터리 중 하나로 남아있는 이 이야기를 믿는다면 다이빙을 시도해볼 만하다. 물 속 깊이 잠들어 있는 교회를 찾아 종을 울리는 사람의 소원은 다 이루어진다고 하니 말이다.

| 아나누리 성채(Ananuri Fortress, ანანური)

군사도로를 따라 쭉 달리다보면 진발리 호수를 먼저 만나지만, 거기서 조금 더 달려가면 호숫가의 아나누리 성채를 만나게 된다. 트빌리시에서 약 70km 정도 떨어져 있는 이곳은 원래는 군사 요충지였으나,

13세기에 아라그비 공작이 지키는 성이 되었다. 고대의 향을 풍기며 우뚝 서 있는 이 성채는 아름다운 자연 경관에 전혀 해를 끼치지 않는다. 사람들은 간혹 이를 비극의 성이라고 부르기도 하는데, 숙적이었던 산세Shanshe의 공격을 받아 죽음을 맞이한 공작을 기리는 마음에서 전해진 이야기인지도 모른다.

수세기 동안 전해져온 전설이 또 하나 있다. 적군 타르타르Tartar군대가 공격을 목적으로 성을 에워싸기 시작했다. 적군은 성 안에 있는 사람들이 식량 부족으로 조만간 백기를 들 것이라 장담하고는 한동안 성 주변에서 진을 치고 있었다. 하지만 성 안에서 강으로 이어지는 비밀통로가 있었으니….

어느 날 물고기 한 마리가 성 밖으로 떨어져 있는 것을 보고 그 사실을 알게 된 것이다. 화가 난 적의 군대는 그때부터 비밀통로를 찾기 시작했다. 당시 비밀통로 대신 잡힌 사람이 있었는데, 누리Nuri에서 온 아나Ana라는 이름의 여자였다. 죽어도 적에게 비밀통로를 밝히지 않겠다고 다짐한 그녀는 결국 죽음을 맞이하고 말았다. 훗날 조지아인들은 그녀의 이름을 딴 요새의 이름으로 그녀를 기리고 있다는 것이다.

어쩐지 호수를 향해 서 있는 아나누리 성의 모습이 견고하고 아름다워 보인다. 전해져오는 이야기 속 여인이 지금도 성을 지켜주고 있다는 믿음 같은 것이 생기자 이방인인 나 역시 경건한 마음이 되었다.

성벽 외곽을 둘러 호숫가로 산책을 하는 길에는 조지아 특산품을 파는 노인들이 유독 많다. 그들은 꿀이나 향신료, 털로 만든 재킷이나 숄 같은 것을 팔고 있다. 여기저기 기웃거리고 싶었지만, 알렉스가 기다리고 있어서 시간을 많이 쓸 수는 없었다.

간이 화장실에 잠깐 들르려는데 줄이 길다. 50테트리tetri짜리(약

200원) 동전을 미리 준비해야 했다. 돈을 받는 할머니가 손에 꼭 쥐고 나누어 주지 않던 두루마리 휴지는 가운데 휴지심이 없이 꽉 쪼여 만들어진 갈색 재질의 텁텁한 휴지였다. 화장실에 들어가 있는 동안은 숨을 꾹 참고 있었다.

| 구다우리 전망대(Gudauri, გუდაური)

창밖으로 지나치는 풍경은 손을 뻗어 만지고 싶어지는 그런 그림이었다. 초단위의 시간 간격을 두고 구름과 산, 나무들의 생김새는 조금씩 달라지고 있었다.

"아름답지?"라고 묻는 알렉스에게 "응! 정말!"이라고 감탄사를 내뱉으며 여전히 창밖을 응시하고 있었다. 카즈베기에 가까워질수록 바람이 세차게 불어 창문은 닫아야 했다.

산이 높아질수록 차는 지그재그로 둘러 둘러 움직이고 있다. 깎아 내린 듯한 절벽 아래를 눈으로 보고 있자니 덜컥 겁이 나기도 했지만,

조금만 시선을 높이면 보이는 산의 매끄러운 자태에 한결 마음이 나아졌다.

곧이어 도착한 구다우리 전망대는 원래 스키 리조트이다. 12월부터 4월까지만 스키장으로 운영한다. 남향으로 난 평원이 있는 곳이라 따스한 느낌이 스며든다. 겨울 햇살을 한가득 받으며 스키를 즐기기에 더없이 좋은 곳이란다. 하얀 눈으로 가득 덮인 설산의 모습을 잠시 상상했다가, 지금의 초록도 충분히 아름답다고 생각했다.

주차장에서 100미터쯤 떨어진, 사람들이 모여 있는 이곳은 러시아 우호 기념탑Russia-Georgia Friendship Monument이다. 형형색색의 타일로 모자이크처럼 그림을 완성했는데, 이는 조지아와 러시아의 문화를 단편적으로 보여준다. 12개의 커다란 아치가 눈에 띄는 탑은 멀리서 보면 둥글게 호를 그린 반원 모양이다. 바로 아래로는 코카서스 악마의 계곡이 이어진다.

구다우리에서 숙박을 하는 이유는 대부분 패러글라이딩이나 승마 체험을 하기 위해서이다. 우리에게도 패러글라이딩을 권하는 사람들이 있었으나 바람이 강하게 불어 하지 않았다. 예정에 없던 일을 하는 것보다는 카즈베기 숙소에 빨리 짐을 내려놓고 싶은 마음도 컸다. 비행 여독에 더해진 드라이브에 긴장이 채 풀리지 않은 느낌이었다.

우리가 흔히 부르는 카즈베기는 조지아에서 세 번째로 높은 봉우리를 가진 카즈벡 산Kazbek Mountain이다. 만년설로 뒤덮인 산꼭대기를 바라보며 걷는 트레킹 코스는 전 세계 배낭여행객들을 불러 모은다.

트빌리시에서 카즈베기로 가는 3시간 동안 우리가 만나는 풍경은 맨드랍기 그지없다. 카즈베기의 산은 잘 손질된 잔디가 깔린 것 같다. 신이 가진 커다란 손으로 한 번 쓰윽 쓰다듬어 보고 싶은 마음이 쑤욱 쑤욱 올라왔다.

## 트빌리시에서 카즈베기 가는 법

1. 디두베역에서 마슈로카 타기 : 1인 ₾20-25

2. 디두베역에서 택시 대절하기 : ₾150-200

3. 디두베역에서 택시 쉐어하기 : 한 대 가격을 인원수로 나눔

# 카즈베기 마을, 스테판츠민다
## (Stepantsminda, სტეფანწმინდა)

카즈벡 산 트레킹을 목적으로 한 여행자들은 최초에 이곳으로 모여든다. 높은 산으로 둘러싸인 마을에 제대로 된 레스토랑은 5개 남짓 있을 뿐, 단 하나의 호텔과 몇몇 게스트하우스가 잠자리와 식사를 모두 책임진다. (최근 현대식 숙소가 우후죽순처럼 늘고 있다.)

아침에 눈을 뜨니 창밖이 온통 불투명한 우윳빛이다. 안개가 자욱한 날이었다. 미세먼지가 도시를 덮쳐 사람들이 높은 곳으로, 더 높은 곳으로 가야 했던 프랑스 재난영화가 생각나서 잠시 몸이 움츠러들었다. 오늘은 트레킹에 대한 미련을 버리고 마을 구경을 하기로 한다. 담담하자고 먹은 마음과는 달리 금방이라도 빗방울을 떨어뜨릴 것 같은 하늘이 마음을 흔들어 놓는다.

## | Café 5047M

스테판츠민다 마을 입구에는 빨간 버스가 서있다. 버스 카페라는 이름으로 명물이 되었단다. 나처럼 트레킹을 포기한 사람들이 커피를 마시러 왔나보다. 버스는 이미 꽉 찬 것 같아 그냥 지나쳤다. 사실 그건

핑계였고, 그냥 들어가고 싶은 마음이 생기지 않았다. 이것도 저것도 싫은, 내 마음이 뭔지 모르겠는 그런 마음이었다. 회색 하늘에 심술이 난 거다. 발로 흙을 탁탁 차며 무작정 걸었다. 어디에 들어가긴 해야겠는데…. 이러다가는 좁은 동네만 몇 바퀴를 돌겠다. 앞마당에 꽃이 가득한 카페로 발길을 옮겼다. 노란색 쿠션이 푹신해 보인다. 야외 벤치에 앉고 싶지만 회색 구름 뭉텅이가 머리 위에 낮게 떠 있다. 어물어물 고민하는 사이에 직원이 인사를 건넨다.

"실내로 들어가면 어때?"

문을 열고 들어섰다. 한 무리의 여행자들이 막 식사를 마치고 나서려는 참인가보다. 노부부들의 여행 모임인 것처럼 보였는데, 그들의 대장 할아버지가 엄지를 치켜 올리며 말했다.

"여기 음식 최고야! 잘 왔어!"

여행 중 마주치는 사람들이 아무렇지 않게 건네는 인사가 좋다. "안녕?" "고마워" 같은 흔한 인사에 마음이 몽글몽글해진다. 회색빛 바깥과 단절된 주홍빛 실내 공간은 따뜻함으로 가득하다.

창가에 앉았다. 하얀색 커튼이 하나로 질끈 묶여 있다. 가장 먼저 끌린 구석진 곳 소파 자리는 이미 누군가 차지하고 있었는데, 금방 자리를 비울 것 같지 않다. 우리나라에서 유행하는 고가구 장식장들이 눈에들어온다. 옛날 집을 개조한 것 같다는 생각도 든다. 조지아에도 뉴트로New-tro 열풍이 불고 있는 걸까? 문득 조지아 영화를 찾아보고 오지

못했다는 것을 후회했다. 이들의 일상을 훔쳐보고 싶었다.

식사 대신 맥주 한 잔, 그리고 버섯크림스프를 주문했다. 어디서 봤더라? 조지아에서는 스프도 맛있다고 했다. 따뜻하고 크리미한 무엇인가가 끌렸던 것 같다. 여름 날씨라 해서 입고 나온 옷가지는 제 역할을 하나도 못하고 있다. 몸이 다 떨릴 지경이었다. 세미 스위트 와인을 마시고 싶었는데, 오늘은 없단다. 화이트 와인과 맥주를 주문하고 카페를 둘러보았다.

눈길이 닿는 곳곳마다, 그러니까 벽에 걸린 그림이나 테이블 위에 놓인 소품 같은 것에 눈길이 닿기까지 속도가 느려질 수밖에 없어서, 실제로 주문한 맥주를 한 모금 마시기까지 시간이 오래 걸렸다. 테이블과 의자의 디자인이 조금씩 달랐고, 테이블을 덮고 있는 천의 색깔과 문양도 다 달랐다. 벽에 걸린 그림은 아마도 카페 주인의 친구가 그리지 않았을까 하는 생각이 들었는데, 마음 같아서는 호기롭게 하나 구입하고 싶었지만 그러지는 못했다.

그제야 드래프트 와인Draft Wine 맛을 보았다. 드래프트 맥주Draft Beer와 비슷한 개념으로 나무통keg에서 마개tap를 조절하여 따르는 와인이란다. 생각만큼 그 맛도 좋았고 방식도 마음에 들었다. 뜨거운 스프 한 숟가락을 호호 불어 꿀꺽 삼키고 와인을 한 모금 마시면 가슴이 한결 부드러워지는 기분? 창문으로 들어온 햇살이 만든 빛의 모양새가 사랑스럽다.

아늑한 공간에서 보내는 시간은 충분할 리 없지만, 다음 여정을 떠

나기로 했다. 계산하는 곳엔 사람이 없었다. 여행자들은 그냥 떠날 리 없으니까. 벽에 붙은 장식장에 아무렇게나 놓인, 아무것도 아닌 장난감 같은 장식품들을 바라보고 있었더니 그가 돌아왔다.

"어땠어?"
"정말 예쁜 곳이야. 스프와 음료도 모두 맛있었어!"

날마다 새로운 여행자들을 만나고, 여행자들과 소통하는 직업을 가진 삶은 꽤 멋진 일인 것 같다.

- Draft Wine(White) : ₰6
- Draft Beer : ₰6
- Mushroom Cream Soup : ₰12

## Cafe 5047M

: 9AM-12AM (일요일 휴무)

| 3평 남짓 기념품 가게

인포메이션 센터라는 작은 표지판이 보일락 말락 한다. 의아함을 묻은 채 가게 문을 열었다. 두 개의 긴 면을 가진 이등변삼각형 모양의 작

은 공간 3면에는 조지아를 상징하는 기념품으로 가득하다. 잡담을 나누고 있던 여자와 남자는 눈길을 한 번 주고 하던 이야기를 계속 이어갔다. 엽서 다섯 장과 자석 두 개를 고르는 시간이 꽤 길었다. 어쩌면 좁지만 따뜻한 이 공간이 좋아서 그랬는지도 모른다. 지나가던 남자 두 명이 들러 카페의 위치를 물었고, 춥다며 손을 비비고 들어온 여자 두 명이 나와 같은 엽서를 몇 장 사서 나갔다.

* 'The visitor center and administration of Kazbegi national park'라는 이름의 카즈베기 인포메이션 센터가 새로 생겼다.

| 스테판츠민다 슈퍼마켓

상상했겠지만 카즈베기 마을에는 작은 구멍가게 정도의 슈퍼마켓만 몇 개 있을 뿐이다. 밖에서 보면 문을 닫은 건지 아닌지 분간이 안 될 정도로 어두침침하고, 그래서 문을 열고 들어가면 주인은 자리를 비운 그런 가게 말이다. 그런데 얼마 전에 조금 큰 규모의 '마켓 스카Market Ska'가 새로 생겼다. 어떤 이들은 '불친절한 계산원들은 계산하는 속도도 느리고, 한 번 찍은 바코드를 또 찍는 등의 행위를 한다'며 불만 섞인 후기를 남기기도 했다. 내가 보기엔 그냥 보통 마을의 마트에서 일하는 보통 사람들일 뿐인데, 특별한 미소를 요구할 필요는 없지 않은가, 하는 생각이 든다. 채소와 과일, 맥주와 와인의 종류가 많아 마을에서 며칠 머문다면 쇼핑하는 재미가 쏠쏠하겠다. 한국의 초코파이가 판

매대 한 자리를 차지하고 있다. 조지아 상표 과자를 찾아서 맛을 보고 싶은데, 대부분 러시아에서 건너온 것들이 많다. 병맥주를 몇 병 사다가 숙소 냉장고에 넣어 놓고 하루에 한두 병씩 꺼내 마셨다.

# 다섯 번째 계절을 찾아 나선 길
## (Fifth season, მეხუთე სეზონი)

그리스로마 신화를 안 읽은 사람은 있어도 프로메테우스 신화를 모르는 사람은 없을 것이다. 제우스를 화나게 한 프로메테우스가 산꼭대기에 결박당하고 만 이야기. 매일 그의 간을 쪼아 먹는 독수리의 눈빛, 괴로워하는 프로메테우스, 그 뒤로 펼쳐지는 장엄한 산의 모습을 우리는 한 번쯤 상상해보지 않았을까?

이 이야기 속 배경이 된 산이 바로 '카즈벡 산'이다.

어쩐지 카즈베기라는 이름이 강렬하다. 하늘을 찌를 듯이 뾰족한 산꼭대기에 시선이 멈춘다. 산 중턱에만 올라도 산속에 푹 파묻혀 있다는 느낌이 든다. 산발치에 옹기종기 모여 있는 집들은 샹들리에 마을이라고 불린단다.

카즈벡 산을 오르는 여정은 주타 트레킹, 트루 소 밸리 트레킹, 게르게티 사메바 성당 트레킹으로 크게 세 곳이 있다. 이 세 여정은 다시 1) 마을에서부터 '오로지 걷기'로 시작하여 '걷기'로 끝내는 방법과 2) '특정 지점'까지는 차로 이동했다가 그 지점에서 '원하는 만큼 걸어 올라갔다가 내려오는' 방법 두 가지로 나뉜다.

| 주타 트레킹

 유명한 트레킹 코스를 자랑하는 곳은 다 그렇듯 주타 트레킹을 하는 많은 사람들이 산 중턱에서 캠핑을 하며 쉬어가기도 한다. 오래오래 걷겠다고 나선 배낭여행객들은 등산화를 신고 텐트를 등에 메고 산을 오른다. 하지만 내가 떠나던 날 카즈베기 하늘은 흐렸고, 그래서 걷기는 3시간쯤으로 마무리하고 돌아올 생각이었기에 우비만 챙긴 채 가볍게 떠났다.

 약간 경사가 높은 초입의 오르막길에서 말 두 마리와 마주쳤다. 산속 마을에서 생긴 쓰레기를 한가득 싣고 내려오는 길인 것 같다. 말을 끄는 남자와 손짓으로 인사를 나눴다. 산을 오르내리며 말이 풀을 뜯어먹고 있는 모습을 만나는 건 흔한 일이다. 트레킹 코스에 말을 타고 오르는 투어도 있다고 한다. 사람을 태우고 산을 오르려면 꽤 힘들 텐데. 목줄이 매달려 있는 말들에 가까이 다가서도 눈을 마주치려 하지

않는 이유를 알았다.

보드랍기 그지없는 카즈벡 산은 구름이 내린 수분을 푹 머금고 점점 어두운 색을 띠고 있었다. 영화 「모아나Moana」에서 보았던 땅의 여신이 금세 잠에서 깨어날 것만 같다.

30분~1시간 정도 걷다 보면, 산 중턱에 엄청난 뷰를 품은 카페 겸 게스트하우스가 보인다. 거대한 산맥이 지그재그로 겹쳐진 곳 중간에 자리 잡고 있는 이 작은 집의 이름이 바로 '다섯 번째 계절'이다. 이 지구상에 다섯 번째 계절이 존재하고 있다 하니 푸른빛을 내는 구름이 로맨틱해 보이기 시작한다.

오늘처럼 흐린 날이 아니라면, 이 너른 산 중턱에는 햇살이 한가득 쏟아지는 곳인 걸 알고 있기에 아쉬운 마음이 컸다. 오히려 슬픈 마음에 가까웠다. 굽이진 초록 계곡을 배경으로 노란색, 빨간색 해먹에 누워 맘껏 하늘만 바라볼 시간을 가지려 했는데…. 밖에 있던 해먹은 다 접어놓았다.

다른 여행자들의 분위기도 엿볼 겸 '다섯 번째 계절'이 운영하는 카페에 들어갔다. 통 통 통, 통나무계단을 세 칸 올라가 통나무 문을 끼익 열었다. 나무향이 훅 다가와 코끝을 스쳤다. 카페에는 네댓 개의 통나무 테이블이 놓여있고, 사람들은 무리 지어 여기저기에 앉아 있었다. 창밖으로 보이는 카즈벡 산에는 더욱 세찬 바람이 불기 시작한 것 같았고, 주문을 받는 카운터 역시 바빠지기 시작한 것 같았지만, 그녀는 친절했다. 따뜻한 코코아를 주문했다. 코코아에 마시멜로가 띄워져 있

다거나 잔이 예쁘거나 하지는 않았지만, 그때 마신 코코아의 찐득함은
잊을 수가 없다. 코코아 가루 대신 진한 코코아 젤리 덩어리 몇 개를 따
뜻한 물에 넣고 살살 녹여 먹는 느낌이랄까.

　내 뒷자리, 그러니까 책이 몇 권 꽂혀있던 작은 선반 옆에 있는 소
파 자리에서는 내가 막 좋아하기 시작한 조지아 만두, 킨칼리 파티가
벌어지고 있었다. 킨칼리를 한 접시 가득 시켜놓고 조지아 전통모자
를 쓴 남자 셋이 접시를 비우는 중이다. 가까이 다가가서 하나만 달라
고 하면 나눠줄 것만 같다. 문득 쿵푸팬더가 젓가락으로 만두를 먹던
장면이 떠올랐다.

## Fifth Season

: +995 555 01 15 15

: m.me/fifth.season.juta

: Juta Mountain Chaukhebi Rd, Kazbegi

얼마간의 시간이 흘렀다. 그들의 공간에서 음악도 빌려 듣고, 말소리도 귀담아 듣다가 밖으로 나왔다. 어디선가 나타난 소 두어 마리가 풀을 뜯고 있다. 소나 말 같은 흔한 동물도 왜 여행 중엔 더 귀엽거나 멋져 보이는 건지. 나도 모르게 소를 향해 달려가고 있는데 후드득 빗방울이 떨어진다.

'앗'

잠시 그냥 맞을까 생각했지만 빗방울이 꽤 굵다. 카페 차양 아래로 달려가 우비를 꺼내 입었다. 휴, 한숨을 내뱉는 어깨가 추욱 늘어진다. 땅은 점점 진흙탕으로 변해가고 낮 2시의 하늘은 점점 더 어두워지고 있었다.

어쩔 수 없이 하산을 택하고 내려가는 길이었는데, 그 시간에 배낭을 메고 산을 오르는 커플과 마주쳤다. 배낭에는 세계 국기 패치가 다닥다닥 붙어있다. 비가 오는데도 산에 오르는 걸 보고, 캠핑을 하거나 다섯 번째 계절에서 숙박을 하려나보다고 추측했다. 일을 하고, 여행을 하고 그런 삶을 반복하고 있는 내게, 몇 년간 세계여행 중인 사람들은 동경의 대상이기도 하다. 내가 아무리 여행을 사랑한다고 해도 가진 것을 모두 내려놓고 떠날 용기는 생기지 않았다. 그래도 올해는 한 발자국 나아갔다. 여전히 일을 하고, 여행을 떠나는 삶이지만 여행에 조금 더 초점을 맞춘 길을 떠나보기로 결심했으니까.

| 게르게티 사메바 성당(Gergeti Trinity Church, წმინდა სამება)

룸스 호텔에서 정면으로 보이는 '게르게티 사메바 성당'으로 향한다. 오늘도 하늘은 여전히 울상이지만, 하늘에 가득한 구름이 걷히기만을 기다릴 수는 없었다.

조지아 사람들 80% 이상이 조지아 정교회에 속해있다. 그들의 신앙

심이 꽤 깊다고 들었는데 아니나 다를까, 곳곳에 유명한 성당(교회)에 들를 때마다 성당 벽에 입맞춤을 하는 사람들을 보곤 했다. 14세기에 지어진 게르게티 사메바 성당 또한 여행자들과 현지인들 모두가 즐겨 찾는 성지의 역할을 한다. 조지아 사람들은 이 성당을 '게르게티 츠민다 사메바Gergeti Tsminda Sameba'라고 부른다.

- 트레킹 코스 : 1시간 30분 소요
- 택시 왕복 : 1인 ₾40-60
- 택시 대기 : 2-3시간

성당에 오르니 바람이 더욱 거세진다. 혹시나 해서 챙겨갔던 스카프를 칭칭 두르고 흩날리는 머릿결을 바로 잡느라 정신이 없다. 성당 내부를 둘러보려니 여자에게 해당하는 복장 조건이 꽤 까다롭다. 남자는 청바지를 입어도 되지만, 여자는 바지를 입고 있어도 안 된단다. 앞에서 나눠주는 긴 치마를 둘러 입어야 한다. 때마침 날이 개자 기다렸다는 듯 갑자기 몰려든 관광객들 틈에 정신이 혼란스러워지기 시작했다.

성당 아래 산허리를 걸어 보기로 한다. 터벅터벅 내 쪽을 향해 걸어오던 큰 개와 눈이 마주쳐서 깜짝 놀랐다. 「왕좌의 게임」에 나오는 다이아 울프와 닮아서 뒷모습을 한참 바라보았다. 낮게 날고 있는 저 커다란 새는 독수리임이 틀림없다. 드론을 날릴까 했는데, 독수리가 공격할지 모른다던 기사 아저씨의 말이 사실인가 보다. 말이 풀을 뜯고 있다. 모든 동물을 방목하는 조지아에서는 흔히 보게 되는 풍경인데도 또 신이 났다.

말이 끈에 묶여 있지 않아서 한 발자국 한 발자국 조심스럽게 다가가는 중이었다. 풀 뜯고 있는데 방해한다고 뒷발차기라도 할까봐 내심 겁이 났던 거다. 그때 갑자기 나타난 프랑스 꼬마 아가씨는 풀 뜯는 말의 긴 얼굴을 연신 쓰다듬는다. 꼬마의 부모도 다가와서 그 모습을 가만히 바라보기만 할 뿐이다. 풀 뜯던 말이 살짝 고개만 들어도 깜짝 놀라 뒷걸음질 치던 나, 떠나는 말의 뒤꽁무니를 종종걸음으로 쫓아가는 꼬마. 휘잉 불어오는 바람결을 맞으며, '나의 어린 시절에도 자연과 동물이 많은 부분을 차지했더라면….' 하는 생각을 해본다.

다섯 번째 계절을 오롯이 느끼지 못해 아쉬움이 남는다. 날씨의 변덕이 얄밉다. 하지만 아쉬움을 남기고 떠나는 것도 여행이라서, 예상치 못한 일들과 처음 느끼는 감정의 버무림이 바로 여행이라서, 그래도 행복한 여행을 하고 있어서, 어제도, 오늘도 여전히 괜찮았다.

# 룸스호텔 카즈베기
## (Rooms Hotel Kazbegi)

조지아 지도를 가만히 보고 있자니, 우리나라 지도를 옆으로 뉘어 놓은 것과 비슷한 모양새다. 면적으로 치면 남한보다 작은 나라지만, 실제 땅을 밟아 보면 꽤 넓게 느껴진다. 조지아 여행을 하는 사람들이 꼭 가야 할 지역이 사방에 흩어져있기 때문일 것이다. 우리나라로 치면 서울에서 전주, 다시 서울에서 부산, 다시 서울에서 남해를 여행하는 기분이랄까.

조지아의 명소인 카즈베기는 한적한 시골 마을을 감싸는 거대한 자연이다. 그 일부가 돼 보고야 말겠다는 의지를 갖게 만든다. 웅장한 코카서스 산맥의 한 부분이다. '산'을 눈에 담고 또 가슴에 담기 위해 찾는 이 마을에 호텔이라고는, 뛰어난 뷰를 자랑하는 룸스호텔밖에 없다. 대신 비슷한 전망을 가진 게스트하우스들이 있다.

룸스호텔은 카즈벡 산의 사시사철 다른 매력을 감상할 수 있는 최적의 장소이다. 세계여행을 하는 배낭여행객들부터 직장인 여행자, 중년과 노년을 아우르는 부부 여행자까지 꼭 하루라도 룸스호텔 숙박 계획을 넣는 이유겠다.

'하루 숙박료가 20만 원을 웃도는 호텔에서 꼭 숙박을 해야 할까?'

고민하는 사람들이 제법 있다. 굳이 숙박을 하지 않더라도 레스토랑만 이용하면 호텔 1층 테라스에서 카즈벡 산 전망을 감상할 수 있다. 주변 게스트하우스에서 머무는 여행객들이 조식 뷔페만 이용하기도 하고, 트레킹을 마친 등산복 차림의 여행객들이 식사와 맥주만 즐기기도 한다. 하지만 2020년부터 숙박객 외에는 레스토랑 이용이 금지되었다.

## | 산 전망

카즈베기 지역에서 3박 4일을 머물기로 결정했다. 날씨에 대한 우려 때문이었다. 하루 이틀 흐리거나 비가 내리더라도 맑은 날 하루가 주어진다면 괜찮겠다는 기대!

보통 여행객들은 룸스호텔에서 1박을 하고, 마을의 게스트하우스에서 나머지 여행 일수를 채운다고 한다. 나 역시 고민의 시간을 잠시 가졌지만, 결국 3박 4일을 고스란히 룸스호텔에서 보내기로 결정했다.

웬걸. 내가 카즈베기에 머무는 4일 내내 흐렸고, 종종 비가 내렸으며, 마지막 떠나는 날엔 비가 억수같이 내렸다.

## | 그럼에도 불구하고 아침이 주는 선물

3시간 걸려 카즈베기에 도착했다는 기쁨도 잠시. 하늘을 뒤덮은 구름에 내 마음도 온통 흐렸다. 당최 푸른 산의 밑동만 보려고 온 건 아닌데…. 9월에 가장 좋다는 조지아의 날씨는 과연 트빌리시만을 두고 말한 걸까.

밤마다 반짝이는 마을 불빛을 바라보며 눈을 깜빡이다 잠들었다. 암막 커튼은 열어둔 채였다. 빛과 소리에 민감한 나를 방해할 것은 아무것도 없어 보였다. 여행 중에 나는 느지막이 일어나는 편이지만 카즈베기에서는 3일 내내 새벽에 눈을 떴다. 구름으로 가득 찬 하늘이라 눈부심에 잠을 깬 건 아니지만 몸은 반응했던 거다.

바람에 떠밀려 서서히 움직이는 구름의 무리에 이끌려 테라스로 나갔다. 실처럼 가느다란 구름이 뭉치를 만들어 서서히 이동하고 있었다. 카즈벡 산의 뾰족한 봉우리를 가린 채였다. 보일 것 같으면서 보이지 않는 순간이 필름처럼 이어지고 있었다. 새벽은 추웠다. 그때였다. 은빛 섬광이 잠깐 비추는 순간! 눈이 덮인 산꼭대기로 눈을 돌리자마자 얼른 카메라 셔터를 눌렀다. 구름 무리가 다시 다가왔다. 필름 영사기가 쉬지 않고 돌아가듯 멈추지 않고 부는 바람은 구름을 안고 떠나갔다.

다음날은 조금 더 희망적이었다. 해가 뜨는 줄도 몰랐던 어제와 달리, 오늘은 해의 붉음을 감지한 것이다. 흘러가는 구름의 결도 부드러워졌다. 먹색 산허리에 새하얀 안개가 낮게 흐르고 있었다.

점점 떠오르는 해가 설산의 하얀 봉우리를 불태웠다. 발코니로 나온 사람들은 같은 곳을 바라보며, 투명한 빛이 부리는 마법의 향연에 빠져들고 있었다. 생동감 넘치게 흘러가는 하늘 물결을 보며 잠시 모든 것

을 잊어본다. 운 좋은 맑은 날엔 산 전체가 불타오르는 듯한 장관을 볼 수 있다지만, 지금도 충분히 행복하다 할 만한 순간이었다.

카즈베기에서의 마지막 날이 밝았다. 새벽에 눈을 뜨니 청명한 하늘이 네모난 창을 채우고 있다. '하늘을 바라보면 혼자가 아니라는 생각이 든다.'는 누군가의 말이 떠올랐다. 거대한 먹구름은 가고 꼬리만 남았다. 구름보다 맨 하늘의 면적이 넓었고, 하늘은 푸른 물감을 풀어놓은 것 같다는 진부한 표현이 저절로 튀어나오게 할 만큼 예뻤다. 천천히 모습을 드러낸 하얀 봉우리는 고요하기만 하다. 새벽은 추웠다. 바람에서 하얀 눈 냄새가 났다.

| 흐린 날들의 여유

비가 내리거나 잔뜩 흐린 날엔 '트레킹을 언제 나서면 좋을지'를 생각하며 오전을 보냈다. 하루는 창밖의 푸른 기운을 삼키며 글을 쓰기도 했다. 부스럭거리는 하얀 이불 속에서 책을 읽기도 하고 편지를 쓰

기도 했다. 그러다가 아무 때나 발코니로 나가서 바라보는 풍경은 무조건 마음을 예쁘게 만져주었다.

룸스호텔 수영장은 여유를 부리기에 완벽한 곳이다. 전면이 통유리로 돼 있어 사시사철 변하는 카즈벡 산을 눈에 담은 채 수영을 할 수 있다. 썬 베드에 누워 책을 읽기도 하고, 바깥으로 이어지는 데크에 나가 카즈벡 산의 웅장함을 온몸으로 느껴보기도 한다. 수영장 내부는 조도가 낮아 나만의 아지트 같은 아늑한 느낌마저 든다. 찰랑거리는 물에 거울처럼 반사된 카즈벡 산에서는 푸른빛이 났다. 사람들이 조식을 먹으러 간 시간에 수영장은 조용하다. 내가 만들어낸 첨벙거리는 물소리만 울림으로 가득할 뿐이었다.

핀란드에서 경험했던 북유럽식 사우나를 여기서도 만날 줄은 몰랐다. 달구어진 돌에 물을 부어 생기는 뜨거운 증기로 몸을 데우는 방식이다. 사우나 역시 야외 데크로 나가는 문과 연결되어 있었다. 뜨거운 열기에 숨이 막힐 것 같은 순간에 뛰쳐나가 청명한 공기로 폐를 가득 채우는 거다. 박하향이 났다.

호텔 주변을 걸으며 나무 향을 맡고, 고양이를 만나거나 해먹에 누워 하늘을 본다던지 하는 일들은 덤이었다.


| 사람, 술과 음식

룸스호텔 메인 홀은 숙박객이나 방문객들이 아무 때나 자유롭게 이용하는 공간이다. 다양한 사람들과 마주쳤다. 인사를 나누기도 했지만,

대부분 의미 없이 스쳐 지나간 사람들이었다. 같은 시간, 같은 공간에 있었다는 사실만으로도 나는 가끔 의미를 부여하는 등 소설과 같은 인연에 집착하기도 하였지만, 실은 어디에도 얽매이지 않는 것이야말로 여행자의 연이겠다.

나는 한동안 관찰자의 입장이 되었다. 확 쏟아져 들어왔다가 하룻밤을 보낸 뒤 조식을 먹고 퇴장한 단체 관광객들, 등산을 마치고 내려와 맥주 한 병으로 시간을 때우던 여행자들, 조용히 걷고 조용히 대화하던 한국인 부부, 빵 부스러기를 많이 흘리고 먹던 곱슬머리 어린아이, 그리고 생일파티를 하던 금발의 친구들. 여행자의 모습은 삶의 일부

를 떼놓은 것뿐이었다. 평범하지만, 그래서 특별한 시간을 누리는 것이 여행자의 일이겠다.

고개를 들어야 보이는 사슴뿔 조명은 고혹적인 매력을 내뿜고 있다. 테이블 위에 놓인 낡은 램프의 몽롱한 불빛이 거친 나무결과 묘하게 어우러진다. 벽에 걸린 동물 모형 장식품은 밤이 되면 살아날 것만 같고, 장식장을 가득 채운 오래된 책들에서 커피향 같은 종이 냄새가 난다. 카즈벡 산을 조망하도록 한쪽에 둔 금빛 망원경은 꼬마부터 어른까지 누구나 한 번쯤 만져보는 물건이다. 저 멀리 사메바 성당을 가까이 볼 수 있어 재미도 있지만, 커다란 망원경이 주는 설렘은 누구나 탐을 내는 미지의 그 무엇이었다.

## 첫 식사

트빌리시에서 떠나오느라 아무것도 먹지 못했던 우리는 첫 식사로 스테이크와 연어구이를 주문했다. 점심 겸 저녁이 될 터였다. 맥주와 레드와인, 그리고 연어와 함께 먹을 데리야끼 소스는 올리브오일로 대신 부탁했다. 배가 고파서인 이유도 있겠지만, 연어구이와 스테이크는 둘 다 훌륭했다. 룸스호텔 스테이크는 맛이 좋으면서도 가성비 좋기로 유명하다.

Rib Eye Steak : ₾39

Salmon Steak : ₾43

Zedazeni Beer : ₾6

Rooms Red House Wine : ₾7

두 번째 저녁식사

룸스호텔에서 꼭 먹어봐야 한다는 수제버거와 아보카도 샐러드를
주문했다. 샐러드 양이 적을까봐 버섯요리를 하나 더 시켰는데, 괜한
우려였다. 순식간에 풍성한 파티 테이블이 완성되었다. 마음 같아서는
아무나 와서 같이 먹자고 하고 싶었지만, 주위에서도 다들 저녁식사를
만끽하고 있다. 적당히 시끄러운 대화가 음악 소리와 어우러져 활기찬
식사시간이 펼쳐지고 있었다.

양송이버섯에 치즈를 가득 넣고 구운 조지아 전통요리는 짭조름하
고 고소한 맛이 쫄깃하게 스며들었다. 조지아 요리의 상당 부분을 차
지하는 술구니 치즈Sulguni Cheese는 소를 키우는 가정집에서도 곧잘

만들어 먹는 대중적인 치즈이다. 싱싱한 야채에 뿌려진 진한 소스, 한 입 베어 물면 나오는 육즙을 자랑하는 수제버거 또한 누구나 좋아할 수밖에 없는 맛이었다. 커다란 아보카도 조각을 하나, 둘 세며 포크로 찍어 먹다가 갑자기 행복하다는 생각이 들어서 웃음이 났다. '해피 라거Happy Lager'라는 이름의 크래프트 맥주를 마시고 있어서 그랬을지도 모른다.

Rooms Burger : ₾27

Avocado Salad : ₾17

Sauteed Mushrooms with Sulguni Cheese : ₾19

Craft Beer : ₾15

Argo Beer : ₾6

Bakuriani Water : ₾3.5

세 번째 저녁식사

한 차례 비가 내렸다. 수영을 하고, 트레킹을 다녀왔으며, 호텔 구석

구석을 산책하다 보니 휴양지의 리조트 느낌도 났다. 눈앞에 바다가 펼쳐져 있다고 상상하니 파도 소리가 들려오는 듯했다. 하얀 포말로 부서지는 파도가 바람을 타고 오다가 사라져버렸다.

　비 온 뒤의 세상은 얇은 막이 한 겹 떨어져 나간 듯 선명해졌다. 테라스에 고인 물들이 촉촉하게 젖은 마음을 대신 내보이고 있다. 해가 산으로 넘어갈 무렵이었다. 붉다기보다는 푸르름이 짙은 밤으로 점점 가까워지는 시간이었다. 마지막 식사는 고민하지 않고 첫날과 같은 것으로 주문했다. 연어구이와 티본 스테이크였다. 기분 탓일까. 북적이던 어제의 분위기와 달리 조용하게 흐르는 음악만이 공간을 채우고 있었다. 카즈베기에서 보내는 마지막 날이지만, 조지아 여행은 이제 시작이나 마찬가지인 걸. 센치해질 것 같은 기분을 옷깃 여미듯 여미고 맛있게 식사를 즐겼다.

T-bone Steak : ₾45

Salmon Steak : ₾43

Telavi Wine : ₾13

Rooms House Wine : ₾7

호텔 조식에 큰 의미를 두는 편은 아니지만, 다양한 종류의 음식을 예쁘게 세팅한 식탁을 마주하면 기분이 좋아진다. 갓 구워낸 빵의 향기가 코끝을 스치고, 무얼 먼저 먹을지 모르겠다는 행복한 고민이 손끝을 간지럽힌다. 따뜻한 커피를 내린다. 아삭아삭한 과일만 종류별로 먹다가 배가 부를 참이지만, 룸스호텔의 야심작 체리파이를 먹고야 만다. 맛있다는 말만 듣고 평소에는 잘 먹지도 않던 크루아상도 하나 들고 왔는데, 손에 들고 쭈욱 찢었을 때 보이는 빵의 결이 일품이다. 스페인에서 먹었던 것보다 더 맛있는 하몽을 몇 조각이나 먹었다. 샐러리와 당근을 후머스Hummus에 찍어서 와그작 베어 물었고, 훈제 연어 조각도 포크로 푹 찍어 한 입에 먹었다. 치즈와 토마토를 넣은 스크램블에그를 주문하는 것도, 양송이 스프로 속을 따뜻하게 달래는 것도 잊지 않았다. 주말 아침에는 주스 대신 스파클링 와인을 마시는 사람들이 꽤 있는 모양이다. 나도 식사 후에 홀에 앉아 일기를 쓰며 한 잔 마셨다.

여행자들의 환희가 24시간 내내 홀을 밝혔다. 사근거리는 여행자들의 대화는 한데 모였다가 이내 공기 중으로 흩어진다. 눈짓으로만 인사를 하다가, 어쩌다 나누는 대화는 톡톡한 재미를 준다. 왔다 갔다 만나는 직원들의 얼굴을 익힐 때쯤 떠나야 하는 아쉬움 역시 여행자가 품어야 할 마지막 감정이었다.

## Rooms Hotel Kazbegi

: +995 32 240 00 99

: roomshotels.com/kazbegi

: 1 V.gorgasali St, Stepantsminda 4700, Georgia

# 3. 트빌리시

## 조지아에서는
## 에어비앤비도 어쩜 이래!

빗줄기가 제법 거세다. 이미 운전 실력을 검증받은 알렉스를 불렀지만, 긴장은 풀리지 않는다. 카즈베기에서 뱅글뱅글 돌아 트빌리시로 돌아가는 날. 직선으로 내리꽂히던 빗줄기는 이내 눈발이 되어 흩날리고 있었다. 어제까지만 해도 푸르던 산등성이 한쪽 면이 하얗게 덮이는 걸 가만히 바라보다가 눈을 감고 말았다.

속이 울렁거리는 것만 같아서. 운전은 곧잘 하지만 얻어 타는 차는 조금만 오래 타도 멀미를 하는 나는, 카즈베기에서 트빌리시에 도착하자마자 숙소 침대로 직행했다. 얼마나 안 좋았느냐 하면, 숙소에서 내어준 웰컴 와인을 글쎄, 거들떠보지도 못할 정도였다. 비가 그치자마자 들려오는 참새 소리에도 창문을 열어볼 여력이 없어 죽은 듯이 누워 속을 다스려야만 했다.

'아… 내일 예레반을 갈 수 있을까?'

국경을 넘어 예레반으로 가는 시간은 최소 5시간이 걸린다. 여러 사

람과 함께 타는 마슈로카나 셰어 택시를 타고 구불구불 가는 여정이
고돼, 속앓이 하는 여행자가 꽤 있단다.

다음날 예레반 숙소 예약을 해두었지만 과감히 포기하기로 했다. 조
지아에 여행 온 김에 코카서스 3국 중 두 나라를 여행하고자 한 욕심을
내려놓기로 한 것이다. 여행 스케줄은 조금 꼬였지만, 한 달 살기로 인
기 많은 트빌리시에서 며칠 더 지낼 생각에 다시 힘이 나기 시작했다.

예레반 대신 머무를 숙소를 급히 찾아야 했다. 에어비앤비 앱을 켜
고 필터링을 했다. 당장 슈퍼호스트의 방을 찾을 수 있을까? 트빌리시
아랫동네에서 며칠 있을 테니 이번엔 위쪽으로 올라가 볼까? 아니야,
그래도 중앙 자유광장Liberty Square 근처가 좋지 않을까? 고민할 시간

은 많지 않았다.

찾았다! 내 마음에 들어온 집! 에어비앤비에 등록한 지 얼마 되지 않은 집인가 보다. 후기는 별로 없지만 받은 별점이 죄다 5점 만점이다.

'딩동!'

예약 완료 버튼을 누르자마자 에어비앤비 앱으로 메시지가 왔다. 사소한 대화가 오가고 있는 와중에도 친절함으로 무장한 그녀의 웃음소리가 손을 통해 전해져 오는 듯했다.

"꺅! 유령의 집 같아!"

트빌리시에는 '이거 곧 무너지는 거 아니야?'라고 생각될 정도의 오래된 건물이 많지만, 이건 상상보다 더했다. 그나마 튼튼한 건물인데도 그랬다. 바닥도, 벽도, 계단도 곧 무너져 내릴 것만 같았다. 복도 한 구석에서 숨어있던 유령이 튀어나올 것만 같다. 살금살금 주변을 살피며 걷느라 2층에 있는 집 앞까지 가는 시간이 더디기만 했다.

"앗, 깜짝이야!"

휘익- 종아리를 스쳐 지나간 고양이를 보고 소리를 지르고 말았다. 열쇠를 받기 위해 호스트와 만나기로 한 시간이 되었다. 나와 메시지를 주고받던 에어비앤비 호스트인 이리나Irina 대신 그녀의 딸이 열쇠를 가지고 왔다. 검정색 가죽 재킷을 입고, 커다란 헤드폰을 목에 걸친 그녀는 커다란 눈으로 생긋 웃어 보인다. 검은 눈동자가 유독 짙었다.

소녀는 '이 건물 너무 무서운 것 같아요.'라는 내 표정을 읽었는지 재빨리 문을 열어 집을 보여주었는데 글쎄….

"꺅! 집 안은 너무 예쁘잖아!"

이번엔 상상 이상으로 깔끔한 집을 보고 깜짝 놀랐다. 알고 보니 조지아는 오래된 건물의 집 한 칸을 개조해서 에어비앤비 사업을 하고 있는 경우가 많았다. 이들은 조지아 사람일 수도 있지만, 러시아 등 주변 국가 사람이기도 했다.

집안 곳곳에 대한 설명을 마친 그녀는 아버지가 만든 홈메이드 와인을 선물로 건넨다. 세 번째 꺅! 조지아에서는 홈메이드 와인과 차차Chacha, 조지아식 보드카를 직접 만들어 마신다. 조금 독하긴 하지만 맛은 고급 위스키에 비할 수 없다. 이뿐일까? 에어비앤비에서 만들어 놓은 A4 앞뒤 가득한 현지 여행 정보는 트빌리시 여행을 더욱 기대하게 만들었다.

# 비건 카페, 마마 테라
## (MAMA TERRA)

다음날 브런치를 어디서 먹을까. 에어비앤비 주인장 추천 맛집 두 개가 서로 마주 보고 있어 고민의 시간이 길었다. 길 한복판에 서서 고민한 지 10분쯤 지났을까. 격자무늬 창틈으로 내부가 훤히 보이는 '마마테라'로 결정했다. 반지하에서 2층으로 올라가는 구조가 재미있다. 그보다 더 사랑스러웠던 건 집주인이 모았다는 여행 자석이 쪼르르 붙어 있는 한쪽 벽면, 그리고 자유롭게 책을 가져가거나 두고 가도록 마련한 여행자들의 도서관 책상이었다.

가지와 파프리카 등 야채 볶은 것을 콘브레드 위에 얹어먹는 스타일의 음식이 나왔다. 여행자를 위한 조지아식 플래터라기에 시켜본 것이었는데, 보기와 달리 맛은 괜찮았다. 된장 색깔을 하고 있지만 살짝 매콤한 맛이 나고 야채가 아삭하게 씹힌다. 오묘하게 한국 음식과 비슷한 느낌이 든다. 라테를 주문했더니 우유를 바꾸겠냐고 묻는다. 두유라테를 좋아하긴 했지만, 코코넛 우유로 선택했다. 취향을 선택하는 짧은 시간에 기분이 좋아진다. 알고 보니 2라리 추가 요금이 붙어 있지만, 취향 부가세쯤으로 괜찮았다.

조지아에서는 따로 팁 문화가 없다. 하지만 팁 문화가 몸에 배어 있는 특정 나라의 외국인들은 원하면 주는 듯도 하다. 마마 테라 계산대 앞에는 원하는 만큼 팁을 주라는 메시지가 있었다. 고민이다. 음식은 맛있었고, 그녀는 친절했다. 벽에 붙은 자석을 보며 여행 이야기로 시간을 나눠 가졌으니, 코코넛 우유 값보다는 조금 더 주기로 한다.

- Georgian Stew : ₾11

- Americano : ₾4.5

- Ice Latte : ₾6.5 (Coconut Milk : ₾2)

- Tip : ₾3

## MAMA TERRA

: +995 599 27 63 91

: m.me/mamaterraveggie

: 20 Ingorokva Street(Entrance via Chitadze Street)

# 조지아를 품은 나리칼라 요새
## (Narikala Fortress, ნარიყალა)

트빌리시에서 오래 머물기로 했다. 곧 무너질 것만 같은 집들 사이로 얼기설기 퍼져있는 오래된 골목이 주는 정감을 오래 느끼고 싶었다. 트빌리시는 '따뜻하다'는 뜻을 품고 있다.

두 번째 숙소는 나리칼라 요새 바로 아래에 자리 잡고 있었다. 내 방, 그러니까 여행하는 동안 내 집에서는 창문을 통해 나리칼라 요새가 보였다. 느리게 움직이다가 가끔 멈추곤 하던 케이블카도, 오래된 게스트하우스 주인이 빨래를 널고 있는 모습도 보였다. 어느 날엔 신부를 졸졸 따라가던 개 한 마리가 웨딩드레스를 밟고 놓아주지 않는 통에 사람들을 웃음바다로 만들던 모습을 보다가 함께 웃었다.

## | 나리칼라 요새 오르기

　나리칼라 요새에 오르는 방법은 케이블카를 타는 것과 걸어 올라가는 것, 두 가지가 있다. 트빌리시에서 '탈것'에 매겨진 가격은 저렴하다. 케이블카에서 내려다보는 올드타운 전경 또한 놓치기 아쉽다. 하루는 케이블카로, 하루는 두 발로 걸어서 올라가 보기로 한다.

　언덕 위에 자리 잡은 나리칼라 요새는 트빌리시 스카이라인을 책임지는 대장 건축물이다. 흑해를 끼고 아시아와 유럽의 중간 위치에 있는 조지아는 끊임없이 주변 강대국들의 침입을 받았다. 역사적으로 가장 혼란스러운 나라 중 하나로 손꼽힐 정도라고 하니, 지금의 조지아가 독립하여 본연의 전통과 언어를 고수하고 있다는 건 자랑스러운 일이라 할 수 있겠다.

나리칼라 요새는 이러한 침입을 막기 위해 4세기 페르시아가 지은 성벽이다. 이후에도 무너진 성벽을 보수하고 재건축하는 일이 자주 있었지만, 지금은 역사를 간직한 평안한 집의 모습이다.

---

• 케이블카 1인 왕복(환불되는 교통카드 포함) : ₾6

---

## | 참새 방앗간, 나리칼라 야외 카페

길게 늘어선 성벽이 양 갈래로 갈라진다. 아직 반밖에 둘러보지 않았지만, '또 다른 날에 다시 걸어올 거니까 지금은 그냥 쉬고 싶어.'라고 생각했다. 뷰 맛집을 그냥 지나칠 수는 없었다. 그래서인지 가격대는 높은 편이다. 우연인지 케이블카에 함께 타고 올라왔던 조지아 사람들이 이미 한 자리를 차지하고 있다. 우리나라 남산타워 같은 곳일 것 같다, 이곳은. 친구들과 사랑하는 사람과, 혹은 나 혼자 찾기도 하는 모두의 장소 말이다.

가을 햇살이 길게 뻗어 세상 모든 지붕을 다 비추고 있었다. 하늘에 떠 있는 구름만큼이나 마음이 가볍게 들떴다. 선글라스를 끼고 있는 사람들의 눈빛을 읽을 수는 없었지만, 입가의 미소만 봐도 우리는 지금 비슷하게 행복하구나, 하고 느꼈다. 하늘과 맞닿은 산이 그리는 능

선을 눈으로 따라 그려보며 맥주를 한 모금 마셨다. 하얀 맥주 거품이
입안에서 부서졌다. 부드럽게 퍼지는 달콤한 맥주 향에 조금 취해도
괜찮은 오후였다.

- Argo Beer : ₾8.5
- Americano : ₾7

### Outdoor Restaurant

: 6 Gomi II Turn, Tbilisi, Georgia

| 조지아 어머니상(Kartlis Deda, ქართლის დედა)

나리칼라 요새 한쪽에는 거대한 어머니상이 우뚝 서 있다. 20m 높
이를 자랑하는 조지아의 어머니상Mother of Georgia은 1,500년이라는

오랜 역사를 가지고 있다. 석상인 것 같지만 알루미늄판을 차곡차곡 쌓고 겹쳐서 만들었다고 한다.

조지아의 어머니는 왼손에는 와인이 가득 담긴 큰 잔을, 오른손에는 검을 들고 있다. 무엇을 의미하는 걸까?

아이러니하게도 요새에 올라서서 어머니상과 가까이 다가갈수록, 어머니상의 앞모습을 제대로 볼 수 없다. 하늘을 올려다보는 격으로 고개를 휙 꺾어 들어야만 얼굴이 겨우 보인다. 어머니상 발치에 있는 벤치에는 서너 명의 사람들이 자리를 차지하고 있는데, 좀처럼 자리를 양보하지 않는다. 그 마음 알겠다. 트빌리시를 가르는 므츠바리 강 Mtkvari river이 눈앞에 천천히 흐르고 있어서였다. 바람이 데려온 고요는 머릿결을 흩트릴 뿐, 가슴과 손등을 가만히 만져준다. 엄마의 손길처럼 부드럽고 강인한 것이었다.

어머니상에는 친구로 방문한 이에게는 와인을 대접하고, 적으로 방문한 이에게는 검으로 응대한다는 전설이 담겨 있다.

햇살이 여기저기로 흩어져있다. 사람과 개와 음악을 지나치며 두리번거리고 있는데, 어느 아저씨가 말을 걸었다. 혼자 있을 때였다. 자꾸 내 사진을 찍어주겠단다. 그리고는 갑자기 내 앞에서 노래를 부른다. 아무래도 돈을 받겠다는 꿍꿍이인 것 같은데, 이 사람 노래를 정말 열심히, 신나고 즐겁게 부른다. 열정적이다!

'그래, 그럼 노래 끝나고 10라리 정도 드리면 되겠지?'

1, 2분쯤 흘렀을까? 열심히 하시는 건 알겠는데, 멀뚱히 서서 그의 노래를 끝까지 듣고 싶지 않다는 생각이 들 때쯤이었다. 노래를 마친 그는 웃음을 싹 거둔 채 40라리를 요구하신다. 뭐라고? 말도 안 돼! 안 된다고! 어떻게 하지? 딱 봐도 그는 날 그냥 보내줄 생각이 없다. 방금 전까지 느끼하게 웃고 있던 표정이 일그러졌다. 강렬한 눈빛을 쏘아대며 추근대기까지 한다. 어떻게 하지? 짧은 고민 끝에 말도 안 되는 수를 썼다.

"Fourteen lari?"

"No no no no no, FORTY lari!"

"What? Fourteen lari? OK!"

"No no no no no, FORTY lari!!!!"

발음을 못 알아들은 척 14라리를 주려고 하니 그 역시 미치고 환장

할 노릇이었나 보다. 본인 지갑에서 가진 지폐를 꺼내어 들며, 20라리 지폐 두 개를 보여준다. 눈대중으로만 봐도 나보다 지갑에 돈이 더 많은 것 같은데? 기분 좋게 그냥 주고 넘어갈 수도 있는 일이었지만, 미리 양해를 구하지도 않고 갑자기 돌변한 태도를 봐서라도 그냥 넘어가기 싫었다. 10라리 지폐 한 장과 동전 4라리를 딱 맞춰서 손에 들고 대치중이었다. 멀리 있던 제이가 돌아왔다. 내게서 자초지종을 들은 제이는, "여기 14라리! 싫으면 그냥 갈게."라고 말하며 떠나는 제스처를 해보였다. 그제야 14라리를 받은 그는 화가 잔뜩 난 표정이다. 나 역시 기분이 좋지 않았다.

광활한 자연을 감상하러 온 여행객들이 트빌리시에 머물 시간은 충분하지 않다. 그럼에도 트빌리시에서 꼭 들르는 곳이 바로 나리칼라 요새라 한다. 트빌리시 도시를 한눈에 담을 수 있는 전망대 중 최고이기 때문이겠다.

케이블카를 타지 않고, 나리칼라 요새로 걸어 올라간다면, 도중에 만나는 골목 샛길로 잠시 빠져보면 좋겠다. 예상치 못하게 아름답고 풍요로운 것들을 자꾸자꾸 마주치게 되니까. 푸르른 잎사귀 우거진 비탈길에서 과일 열매를 발견하기도 하고, 시간을 가늠하기 어려울 무렵이면 꿈뻑 잠에 빠져든 개나 고양이를 만나기도 하며, 범퍼가 없는 낡은 자동차를 타고 스릴 넘치는 골목 운전에 능한 운전사들을 만나 박수 칠 일도 있을 테니.

# 석류주스를 짜주는
## 할아버지

창문 밖을 바라보기만 하는 시간도 기쁨이었다. 조지아가 좋았던 여러 가지 것들 중 하나는 창문이었다. 이제는 낡아버린 나무틀에 끼워진 홑겹 유리로 만들어졌을 뿐이라서 바람도 술술 들어올 것만 같고 안전하지 않다고 생각한 적도 있었지만, 그런 건 괜한 우려였다. 방충망 따위가 없어 맞은편 지붕 위에서 놀던 참새 한두 마리가 포로롱거리며 날아들까 봐 창문을 활짝 열어둘 용기는 없었지만 말이다. 그럼에도 창문을 열고 닫는 소소한 행위에서 행복을 느꼈다. 손잡이를 아래로 꾸욱 내리고 무게를 실어 옆으로 쉬익 밀어 열어야 하는 창문이 아니라 걸쇠 같은 것으로 문을 잠그고 열었다가 바람이 갑자기 쏴아 하고 불어오면 창문이 탕 하고 벽에 부딪히고 마는 그런 물리적 질량감에 마음을 빼앗겼던 것 같다.

그날 아침에도 나는 숙소에서 창밖을 한참 동안 바라보고 서 있었다. 흥미로운 점 한 가지를 발견했는데, 사람들이 무리 지어 가다 말고 창문 앞에 우뚝 서 있는 나무 사진을 꼭 찍고 갈 길을 다시 가는 것이다. 처음에는 하늘이나 참새 사진을 찍는 건가 했지만 아닌 것 같았다. 나

무에 다람쥐라도 앉아 있는 건지, 나뭇잎이 햇살에 반짝이는 모양이 예뻐서 찍는 건지 여간 궁금한 게 아니어서 내려가 보았다.

　나무 옆에는 대문이 있었고 - 나무는 그 집 안마당에서 자라 나온 것이었다 - 할아버지는 대문 앞에 작은 노점상을 차려 베리류의 열매와 즉석에서 짜낸 과일주스를 팔고 계셨다. 바로 그거였다! 싱그러운 석류 열매가 파릇파릇한 나뭇잎 사이로 매달려 있고, 할아버지는 그 마알간 열매를 착즙 기계에 넣어 100% 상큼한 석류주스를 쭈욱 짜내고 있던 것이다. 주먹보다 큰 석류 열매가 주렁주렁 매달려 있는 모습이 익숙하지는 않으니까, 게다가 고개를 약간 올려 하늘을 바라보다 말고 무언가를 딱 발견했다는 기쁨이 있으니까, 사람들은 카메라를 꺼내 들 수밖에 없었던 것이다.

# 메테키 교회

고르가살리 광장에서 다리를 건너 메테키 교회Metekhi Church, მეტეხის ტაძარი에 가기로 한다. 교회로 가는 오르막길에도 작은 레스토랑이나 카페가 촘촘히 붙어 있어서 와인을 시음하라는 유혹이 끊임없다. 교회 안마당으로 들어가자 옛날 우리나라 아이스케키 장수 같은 모습의 아저씨가 보인다. 테이프로 똘똘 만 스티로폼 상자를 끌고 다니며 아이스크림을 자꾸 사라고 하신다. 미안하지만 괜찮아요, 무언가를 자꾸 다 사줄 수가 없어 신경이 쓰이지만 어쩔 수 없는 일이었다.

입구에 들어서니 교회 외벽은 공사 중이다. 가만 들여다보니 두꺼운 밧줄에 매달린 두세 명의 사람들이 외벽 모양을 그려내고 있었다. 마치 복원사가 망가진 미술작품을 복원하듯 오래되어 갈라진 교회 벽을 돌이 겹쳐진 모양으로 그려내고 있는 것이었다. 알고 보니 메테키 교회는 30번 이상 침략 받았지만 그때마다 복구되었단다. 구소련 시대에는 교회 지하에 감옥을 만들어 스탈린을 투옥시키기도 했고, 극장으로도 쓰이는 등 교회의 역할을 다하지 못한 시절이 길었는데, 1980년대 말에 들어와서야 제 역할을 하게 되었다고 한다.

　교회 앞 광장 한쪽 모서리에는 말을 타고 기세등등하게 한쪽 손을 올리고 있는 동상이 있다. 바크탕 고르가살리 왕King Vakhtang Gorgasali 의 동상이다. 고르가살리 왕은 메테키 교회를 세운 장본인이자 조지아의 수도를 므츠헤타에서 트빌리시로 옮겨 발전시킨 왕이다. 조지아 사람들은 트빌리시 구도심을 내려다보는 왕의 동상을 반대로 올려다보는 삶을 살고 있는 셈이다. 아무래도 외부의 침략에 자주 몸살을 앓았던 조지아인들에게는 메테키 교회가 주는 의미가 크지 않을까? 조지아 정교 역시 조지아인들에게는 삶 그 자체라고 하니 든든하게 기댈 수 있는 버팀목 같은 존재일 것 같다.

　계단을 올라 교회 가까이로 올라가보았다. 긴 치마를 입고 예를 갖추어야 해서 들어가진 못했는데, 교회 안에서 밖으로 나오는 사람들의 표정만으로도 주변은 숙연해졌다. 한 엄마와 아들은 떠나기 전에 교회

벽면에 입을 맞추었다. 차가운 돌덩이에 뜨거운 입술을 맞추는 그들의 신심이 경건하고 아름답게 느껴졌다. 교회 뒤편으로 조금만 더 걸어가면 반대편 도심을 내려다보는 작은 공원이 나온다. 사람들은 벤치에 한 자리씩 차지하고 앉아 샌드위치를 먹거나 책을 읽고 있었다. 댕그랑 종을 치면, 낮고 경쾌한 소리가 울려 퍼진다. 공원의 평화로운 분위기에 종소리가 옅게 스며들었다.

조지아 사람들뿐 아니라 여행자들이 교회를 찾는 이유도 비슷할 것이다. 여행하는 우리에게도 지키고 싶은 삶이 있고, 아픈 과거가 있고, 이겨낼 수 있는 힘이 필요한 건 마찬가지일 테니. 절벽 위에 세워진 교회의 위력이 보이지 않는 파장이 되어 도시 전체로 퍼지고 있는 듯했다. 천천히 흐르는 녹색 므츠바리 강의 표면이 햇살에 반짝거렸다. 불어오는 바람에도 적요했다.

# 킹 고르가살리 호텔

고르가살리가 무얼 의미하는지 제대로 알지 못한 채 예약한 호텔이었다. 메테키 교회를 방문하면서 그 의미를 알게 되었고, 다리를 건너면 이어지는 공간이 고르가살리 광장인 이유도, 광장 근처에 있는 호텔 이름이 킹 고르가살리 호텔King Gorgasali Hotel인 이유도 그제야 알았다. 광장 주변 큰길가에는 레스토랑이 즐비했는데, 야외테이블에 앉아 있으면 바로 강 건너 절벽 위에 있는 메테키 교회와 바크탕 고르가살리 왕의 동상을 정면으로 볼 수 있기 때문이었다. 특히 식사가 끝날 무렵, 밤이 내린 후 바라보는 전경은 더욱 예쁘다. 절벽 아래에서 쏜 조명 덕분에 그 주변으로 신비한 기운이 감도는 듯한 느낌을 준다.

킹 고르가살리 호텔 역시 1층은 레스토랑으로 운영하며 야외석을 넓게 차지하고 있다. 리셉션에서 체크인을 하려면 정면에서 계단으로 올라가거나 레스토랑을 통해 엘리베이터를 타거나 하는 구조였다. 여행지의 뭇 야외 레스토랑이 그렇듯 길가에 서서 '우리 레스토랑으로 들어오세요. 메뉴판을 먼저 살펴보세요.' 등의 메시지를 전달하는 사람들의 모습이 낯설지만은 않다.

　우리가 이곳 투숙객인지 몰랐던 카트리나Katerina Sormoni가 우리에게 메뉴판을 들이밀었을 때였다.

　"우린 여기 투숙객이에요. 며칠 머물 거니까 나중에 식사하러 올게요."라고 영어로 말했더니, "한국 사람이에요?"라는 한국어 대답이 돌아왔다.

　으응?

　나에게도 낯설었던 나라, 조지아에 온 지 5일째에 우리는 한국어로 인사하는 조지아 소녀를 만났다. 한국을 너무 좋아한다며, 영상을 보며 독학으로 공부하는 중이라던 그녀가 활짝 웃는다. 우리는 마주칠 때마다 서로 "너 이쁘다" 같은 어법에 맞지 않아도 기분 좋은 한국말을 서로에게 하다가 연락처를 주고받았다. 어느 날은 그녀에게 한국에서

챙겨온 초콜릿과 과자를 조금 나누어주었다. 사랑스러운 금발을 가진 그녀는 줄곧 "사랑해!"라고 외치곤 했다. 마지막 날이 되어 헤어질 때 우리는 긴 포옹을 했다.

누군가 트빌리시에 가게 된다면 카트리나를 만나는 행운이 생기길 바란다. 한국어로 인사하고 소녀의 밝은 미소를 선물로 받았으면 좋겠다.

이 호텔이 특히 기억에 남는 건, 카트리나만큼 다른 직원들도 밝고 친절해서 우리모두가 친구처럼 지냈다는 거다. 과도한 친절인 것 같다는 생각이 들 때도 간혹 있었지만 – 가령 조식을 먹을 때도 끊임없이 말을 시킨다던지 – 그건 밝은 에너지의 어떠한 형태인 것 같아 이내 흡수해버리곤 했다. 나도 함께 친절해지고 말았으니.

소피아Sophia Svanidze는 우리와 함께 찍은 사진을 페이스북에 올리고 하트를 많이 받았다며 팔짝팔짝 뛰었고, 라일리Lali는 지난밤에 보고 왔다는 한국 영화 「기생충」에 관한 감상을 끝없이 늘어놓았다. 그녀는 우리가 메스티아로 이동하기 전에 메스티아에서 꼭 먹어야 할 음식 이름도 따로 적어주었다.

## 온천지구, 아바노투바니
### (Abanotubani, აბანოთუბანი, bath district)

호텔에서 조금 더 내려오면 조지아에서 유명한 온천지구가 나온다. 므츠바리 강의 동쪽, 나리칼라 요새 발치에 위치한 이곳에는 둥글고 넓은 돔 형태의 지붕을 가진 유황온천이 약 10개 정도 모여 있다. 크기나 오래됨의 정도가 각각 달라, 온천을 체험해보고 싶다면 가격과 시설의 차이를 잘 비교해보고 이용하는 게 좋겠다. 우리나라의 목욕탕 문화와 비슷하다는 후기가 많아서 온천 체험은 하지 않았지만, 유황온천의 물에 따뜻하게 몸을 담그는 경험도 좋았을 거란 생각을 한다.

솔솔 피어오르는 유황 냄새를 맡는 대신 밤거리를 산책했다. 온천지구 양 옆으로도 레스토랑이 많다. 어느 레스토랑의 커다란 유리 통창 안으로 파티를 하는 사람들이 보였다. 드레스를 차려입고 와인 잔을 부딪치는 사람들의 얼굴이 빛나고 있었다. 작은 다리 건너 야외의 작은 마당에서는 조지아 전통무도 향연이 펼쳐지고 있었다. 멀리서 보면 언뜻 스페인의 플라멩코 같기도 한 춤을 가까이 보려 다가갔다. 새삼 흥이 나서 어깻짓으로 리듬을 탔다.

아치형의 자그마한 다리를 건너는데, 다리 기둥마다 자물쇠가 채워져 있다. 이제는 사라지고 말았다는 프랑스 퐁데자르 다리에 걸린 사랑의 자물쇠 백만 개가 떠오른다. 우리는 사랑을 하고 사랑을 하는 그 순간만큼은 시간이 멈추길 혹은, 영원하길 바란다. 사랑을 하는 그 순간이 행복할 때에도 우리는 이 행복이 무너질까 두려워한다. 이런저런 이분법적인 마음은 왜 사랑을 하는 순결한 시간에도 찾아오는 걸까. 그래서 우리는 보이지 않는 사랑에 빠져 있는 마음을 작은 자물쇠라는 물건에라도 가두고 싶은 걸까. 사랑은 그 자리에 그대로 남는다.

트빌리시라는 예쁜 이름은 따뜻한 곳이라는 의미를 품고 있다. 앞서 언급했던 고르가살리 왕이 사냥을 하고 있었는데, 화살에 맞은 꿩이 물속에서 푹 익은 것을 보고 이 온천지구를 발견했다고 한다. 5세기 이후 오랜 역사를 간직한 트빌리시에서는 그래서인지 걷고, 숨 쉬며 이런 아무것도 아닌 것을 하는 동안에도 따뜻함이 스민다. 해가 진 후에도 낮에 모아둔 빛을 천천히 내뿜고 있는 것만 같다.

# 조지아의 모든 음식은
## '시'다

조지아는 사람과 자연, 역사와 문화, 그리고 사람 냄새 더해주는 음식까지 어느 하나 빼놓을 수 없는 나라이다. 조지아 음식은 이탈리아 사람들이 찾을 정도라는 말이 괜히 나온 것이 아니었다. 러시아의 유명한 시인이자 소설가인 푸시킨은 '조지아의 음식은 한 편의 시와 같다(Every Georgian dish is a poem).'라고 표현하기도 했다.

조지아 전통 방식인 크베브리 양조법으로 만든 와인부터, 화덕으로 굽는 커다란 빵, 자연에서 방목하여 키운 가축, 신선한 채소와 과일뿐 아니라 그들만의 조미료 역시 맛있는 음식을 만드는 데 한 몫 하는 비밀 요소이다.

| 살로비 비아(Salobie Bia, სალომბიე ბია)

예술가의 감성을 가득 담은 '살로비 비아'는 조지아의 전통음식, 특히 서부 지역 음식을 잘하는 곳이다. 1층에서 반 층 내려간 곳에 숨겨진 작은 레스토랑이지만 벽면을 채운 미술작품들은 이곳을 수많은 이야기가 오가는 거대한 공간으로 만들어준다. 자세히 보면 보이는 작

106

은 소품들과 가구는 모던과 앤틱이 결합된, 세련된 느낌을 폴폴 풍기고 있었다.

에어비앤비 숙소 주인이 추천해준 이곳에서는 토마토 샐러드를 꼭 먹어야 한단다. 토마토 샐러드는 조지아 음식 중 가장 자주 접하는 음식이다. 그런데 무엇이 특별하다는 걸까. '토마토 샐러드가 그게 그거지 뭐.'라고 넘겨짚으면 안 된다. 지역마다, 식당마다 조금씩 다른 소스와 비주얼의 토마토 샐러드를 내어주기 때문이다. 조지아산 호두를 이용한 소스와 곁들여 먹는 샐러드가 보통이지만, 오늘은 고춧가루가 송송 뿌려진 토마토 샐러드를 마주했다.

'고춧가루?! 고춧가루가 토마토와 어울릴까?'

퍼플 바질Purple Basil이 향을 돋우고, 알싸한 매콤함과 토마토의 달콤함이 어우러진 신비한 맛으로 입안이 가득 찼다. 마치 맛있는 고기의 육즙이 터지듯, 토마토를 한 입 크게 베어 물면 상큼한 과즙이 톡 터졌다. 꽃향기가 났다.

조지아는 빵이 맛있다. 화덕에서 갓 구운 빵 맛을 아는 사람이라면, 그 빵보다 열 배쯤 더 바삭하고 맛있는 빵이라고 상상하면 될 것 같다. 그런데 이곳에서 먹은 빵은 그보다 열 배쯤 더 맛있었다. 아삭아삭 바삭바삭 소리를 내며 먹는 빵으로 인해 행복함마저 느꼈달까.

소고기 찜 요리 비슷한 것도 주문했다. 조지아에서 종종 먹던 소고기와 돼지고기 요리법은 우리나라와 비슷한 듯하지만, 쌀이 아닌 옥수수나 호두를 갈아 만든 죽의 형태가 함께 나오는 것이 대부분이다. 고기 결이 찢어지는 모양새가 장조림 같기도 한데 맛은 갈비찜 같다. 포크로 한 입에 찍어 먹기에 딱 좋은 크기라 먹기도 편하고, 고춧가루 뿌려진 토마토 샐러드와 함께 먹으면 느끼함도 없애준다. 한 끼 식사로 더없이 푸짐했다. 참, 직접 만든 레모네이드는 꼭 병으로 시켜야 한다. 허브향 가득 퍼지는 달콤새콤한 홈메이드 레모네이드 역시 조지아 식탁에서 빠질 수 없는 별미다.

- Tomato Salad : ₾10
- Ghomi and Kharcho : ₾18
- Homemade Lemonade : ₾10
- Bread : ₾2

## Salobie Bia

: 12PM – 11PM

: +995 551 92 77 22

: facebook.com/salobiebia

: Rustaveli Theater, 17 Shota Rustaveli Ave, Tbilisi 0108, Georgia

| 카페 칼라(Cafe Kala, კაფე კალა)

트빌리시 카페거리(Erekle II St.)에는 맛있다고 소문난 레스토랑이 양 옆으로 줄지어있다. 햇빛이 좋은 날엔 야외 테이블에 앉아 식사를 하다 말고 지나가는 여행자와 눈인사를 하기에도 좋은 곳이다. 맞은편 레스토랑에서 식사를 하는 사람들과의 거리도 그리 멀지 않아 거리 전체가 하나의 식당인 것만 같은 기분이 들기도 한다.

햇빛이 강한 오후였다. 차양 아래 그늘진 테이블은 이미 꽉 찼다. 햇빛을 직선으로 받는 테이블에 앉아 식사를 해보는 것도 나쁘지는 않을 것 같다. 점심시간이 한창이라 직원들은 새 손님을 맞을 생각이 없어 보였지만 마음에 두지 않았다. 두 명이 겨우 나란히 다닐 수 있는 좁은 카페거리와의 경계선에 쪼르르 화분들이 서 있다. 시원한 맥주 한 잔 우선, 민트 레모네이드도 함께 주문했다. 9월이지만 트빌리시의 날씨는 한창 여름이었다.

눈에 띄는 메뉴가 있었다. 'Beef Cheeks(소고기 볼살)?' 생소하고 궁금하여 시켜보았는데, 두 번 먹고 싶은 맛은 아니었다. 함께 나온 화이트소스 매쉬드포테이토는 맛있었지만, 고기의 결에서 느껴지는 식감이 그리 좋지는 않았다. 말캉말캉한 부드러움이 너무 강해서일까, 내 볼살을 웅캉웅캉 씹는 느낌마저 들었다. 조지아의 소고기 요리는 대부분 맛있는 편이다. 단지 부위에 따라 느낌이 달라지는 건 어쩔 수 없는 일이었다.

조지아 전통 요리 중에 하나인 Chanakhi(Lamb Stew)는 양고기에

토마토와 가지, 감자와 양파 등을 함께 끓여 만든 요리다. '양고기 토마토 야채죽' 정도로 표현하면 적당할까? 짜거나 맵지도 않게 적절히 간이 배어있다. 야채가 듬뿍 든 건강식을 먹는 기분이 든다.

벌 한 마리가 아까부터 우리 주변을 계속 맴돌고 있다. 웽웽거리는 소리를 내며 음식에 앉는 통에 자꾸 신경이 쓰인다. 손으로 휘이 저어봤자 그때뿐이다. 직원들은 신경 써줄 여력이 없어 보이고 어쩐담.

한 조각 남은 소고기 뽈살 요리를 테이블 모서리에 두고 벌을 유인해보기로 했다. 접시를 테이블 끝에 두었더니, 다 먹은 음식인 줄 알고 레스토랑 직원이 다가와 치우려고 했다.

"안 돼, 안 돼, 여기 벌이 웽웽거려서 벌을 유인하려고 한 거란 말이야."
"응? 벌 때문이라고?"

때마침 보란 듯이 날아온 벌이 눈을 동그랗게 뜬 그녀 주위를 두어 번 맴돌다가 뽈살 접시에 안착했다.

"하핫, 이것 봐!"

우리는 함께 웃었고, 그렇게 또 시간은 리듬 타는 벌처럼 흐르고 있
었다.

---

- Beef Cheeks with Mashed Potatoes : ₾19.9

- Chanakhi : ₾18.9

- Lemonade with Mint : ₾5.9

- Argo Tap Beer : ₾4.9

---

### Cafe Kala

: 10AM – 2AM

: +995 599 79 97 37

: facebook.com/caferestaurantkala

: 8 Erekle II St, Tbilisi 0105, Georgia

---

| 카페 파빌리온(Cafe Pavilion, პავილიონი)

트빌리시 '평화의 다리' 멀지 않은 곳에도 작은 카페 골목이 있다. 밤
이 되면 주홍빛 가로등 불빛이 비추는 건물들이 반짝반짝 빛나는 곳.
잠시 멈춰 서서 고개를 들면 첫날 묵었던 킨들리 게스트하우스가 보이

는 그 골목 말이다. 어느 날 저녁, 무얼 먹을까 하던 차에 자주 걷던 이 골목길에 있는 레스토랑 중 한 곳을 가기로 했다. 테이블이 벽면을 타고 쭈욱 늘어서 있는데, 도무지 어디에 앉아야 할지 결정할 수 없어서 골목길 이쪽 끝에서 저쪽 끝까지 몇 번을 걸었는지 모른다. 시간은 자꾸 흘러 어둠이 짙어지고 있었다.

누군가가 피아노 앞에 앉아 골목이 울리도록 건반을 두드리기 시작했다. 좁은 골목길이 아름다운 선율로 가득 차기 시작했고, 사람들은 잠시 식사를 멈춘 듯했다. 아무도 쳐다보지 않던 것 같은 피아노는 자세히 보니 파랗고 하얀 물결무늬로 뒤덮여 있다. 푸른 파도를 떠올리며 그림을 그린 거겠지. 조명을 받은 피아노 건반은 손가락의 움직임에 따라 파도처럼 춤을 추고 있었고, 이곳에서 저녁식사를 하기로 한 우리는 가까운 테이블에 자리를 잡았다.

파빌리온은 조지아의 전통 음식, 카차푸리ხაჭაპური가 맛있기로 유명한 곳이다. 카차푸리는 빵 반죽에 다양한 종류의 치즈를 가득 담아 구워낸 것인데, 보트 모양이 전통 방식이지만 보통 둥그런 모양을 하고 있기도 하다. 가운데 놓인 덜 익은 계란을 톡 터뜨려 치즈와 함께 섞어 빵과 함께 먹는다. 치즈 좋아하는 사람들에게 무조건 천상의 맛!

송아지 토마토 스튜Veal Chashushuli, ჩაშუშული 역시 무난하게 맛이 좋았다. 조지아에 와서 토마토소스로 만든 스튜요리를 자주 먹는 듯한 느낌이 들지만 속재료는 조금씩 다르다. 기본적으로 야채는 푸짐하게 들어있어 저절로 건강식이 되어버리는 공통점은 있다. 고기의 식감이

너무 강하지 않아서 아삭하게 씹히는 야채와 잘 어울린다. 카차푸리 빵
조각을 조금 떼어내 토마토소스를 올려 먹는 맛도 일품이다.

조지아에서 흔히 보는, 떠돌아다니는 개들은 야외 테이블에 앉은 여
행자를 좋아한다. 음식을 잘 나눠줄 것 같은 사람 옆에 얌전히 앉는다.
(메스티아에서 찾아온 아기고양이는 야옹야옹 울어댔지만 말이다.) 조
지아 여행을 시작한 지 얼마 되지 않았을 때는 길거리의 개에게 음식
을 줘도 되는지 안 되는지 몰라 고민했는데, 그 어느 누구도 개와 여행
자에게 큰 신경을 쓰지 않는다는 걸 금세 깨달았다. 잉어처럼 멀뚱히
나를 바라보고 있던 개에게 빵조각을 떼어줬지만, 딱딱했는지 몇 번
씹다 말고 옆 테이블로 가버렸다. 프랑스어로 말하는 중년의 여인 세
명은 와인을 마시다 말고 개를 쳐다봤다. 나처럼 음식을 줄지 말지 고
민하는 것만 같았다.

- Veal Chashushuli : ₾23

- Khachapuri : ₾11

- Black Lion Beer : ₾6

## Cafe Pavilion

: 12PM-11PM

: +995 599 77 02 55

: 3 Ioane Shavteli St, Tbilisi, Georgia


| 메그룰리 사클리(Megruli Sakhli, მეგრული სახლი)

규모가 꽤 크게 열리는 벼룩시장인 '드라이 브리지 마켓Dry Bridge Market'에 간 날이었다. 옛 러시아 제정시대의 물건부터 조지아식 패브릭 제품과 예술가들의 그림 등 볼거리가 가득한 곳에서 반나절을 보냈더니 배가 고프기 시작했다.

하나만 더, 하나만 더 구경하고 싶은 마음과 눈을 떼지 못하고 두리번거리며 열심히 걷느라 식사 시간이 훌쩍 지나서야 레스토랑을 찾았다. 벼룩시장에서 그나마 가까운 곳이기도 했고, 에어비앤비 주인이 추천해준 곳이기도 했는데, 막상 도착해보니 규모가 크고 화려해서 들어가기 전에 고민을 조금 했다.

조지아에 여행 오기 전부터 조지아에는 한국의 닭볶음탕과 비슷한

요리가 있다는 것을 알고 있었다. 배가 고프니까 치킨 생각이 번쩍 났다. 대체 그 요리 이름이 무얼까. 손가락으로 메뉴를 쓰윽 훑다가 영어로 된 설명을 읽고 주문했더니 성공이다. 치킨 차코크빌리Chicken Chakhokhbili, ჩახოხბილი는 허브와 양파를 곁들인 치킨 토마토 스튜이다. 조지아어 이름이 뜻하는 것은 사실 꿩Pheasant이다. 예전에는 꿩으로 만들던 요리이기 때문이다. 후기에서 읽은 대로 닭볶음탕과 비슷한 맛이 나긴 나는데, 한국요리처럼 맵진 않다. 그렇다고 토마토 스파게티 맛이 나는 닭요리를 상상하면 곤란하다. 뭔지는 몰라도 알싸하고 매콤한 향신료가 분명히 들어가서 입맛을 돋운다. 양념 맛이 강할까봐 함께 먹으려고 시킨 야채볶음밥도 맛있다. 태국에서 먹던 파인애플 볶음밥이 떠올랐다. 치킨 양이 많아 결국 남기고 말았지만, 다음에는 크림소스로 만든 같은 요리를 먹어봐야겠다며 끝까지 입맛을 다셨다.

조지아에서 식사 중에 마시는 하우스 와인 중에는 세미 스위트 와인 종류가 가장 맛있다. 영롱한 루비색을 띠고 있는 와인을 한 모금 마시면 벨벳처럼 부드러운 느낌으로 혀를 감싼다. 가격은 기본 레드와

인보다 조금 더 비싼 편이지만 식사와 곁들이는 딱 한 잔이라면 Why Not?!

---

- Chicken Chakhokhbili : ₾25
- Trout with Parmasan: ₾12
- Rice with Vegetables: ₾7
- Semi-sweet Wine : ₾18
- Black Lion Draft Beer: ₾5

---

## Megruli Sakhli

: 11AM – 1AM

: +995 591 03 43 43

: instagram.com/megruli.sakhli

: 31 Atoneli St, Tbilisi, Georgia

---

| 첼라(Chela, Funicular Restaurant, რესტორანი ფუნიკულიორი)

해가 지기 전에 트빌리시의 푸니쿨라 타는 곳을 찾았다. 케이블카와 더불어 트빌리시를 한눈에 보기 좋은 전망대로 오르는 정류장이다. 생각보다 높은 경사를 꽤 올라간다. 푸니쿨라를 타고 올라간 정류장에서 레스토랑과 카페가 있는 건물을 지나가니 확 트인 공간이 나오는데, 그

곳에서 사람들은 저마다의 방식으로 트빌리시의 장관을 즐기고 있었다. 뒤쪽으로 넓은 공간에는 분주하게 돌아가는 놀이공원도 있다. 밤이 깊어갈수록 반짝거렸다.

식사를 먼저 하기로 했다. 격식을 조금 덜 차려도 되는 식당인 'Chela'를 선택했다. 분위기를 살펴볼 겸 2층에 있는 레스토랑에 먼저 갔는데, 입구에서 안내하는 직원이 메뉴를 보여주며 "여기는 조금 더 포멀한 곳이니 1층에 있는 식당이 좋을 거야."라고 말했다. 정중하게 거절당한 것이다.

"그러네. 우리도 가벼운 식사를 찾고 있어서, 다음에 기회 되면 올게."

'캐주얼한 옷차림 때문인가.'라고 생각했지만 짐짓 아무렇지 않게 대답을 하고는 1층으로 내려갔다. 마침 식사 겸 안주가 될 만한 것을 주문해서 나눠 먹으려고 하기도 했고. 특별히 기분이 나쁠 일은 없었다.

케밥 플레이트를 선택했다. 전망이 있는 식당이라 가격대가 좀 비싸다고 생각했는데 양도 꽤 많다. 돼지고기와 치킨, 그리고 송아지 고기로 만든 3종 꼬치가 구운 야채와 함께 나왔다. 트케말리Tkemali라고 하는 올리브색 소스가 무엇인지 찾아보니, 조지아에서 나는 초록색 자두 열매란다. 매실 같기도 하다.

로제 와인과 제다제니 맥주를 마시며, 우리는 평화로운 식사 시간을 즐겼다. 어느새 식당은 손님들로 가득 찼다. 밥을 먹다 말고 아빠의 목

을 잡고 매달리는 소녀와 자꾸 눈이 마주쳤다. 노을을 담고 있는 창가 바깥쪽은 단체 관광객들 때문에 가려져 보이지 않았지만, 연분홍 로제 와인을 마시며 이대로도 충분히 행복하다고 생각했다.

- Chela's Mixed Plate : ₾56
- House Wine(Rose) : ₾9.5
- Zedazeni Beer : ₾5.5

## Chela(Funicular Restaurant)

: 12PM – 12AM

: +995 32 298 00 00

: funicular.ge/dm

: Mtatsminda plateau, 0114 Tbilisi, 0114, Georgia

## 푸니쿨라와 므타츠민다 놀이공원
### (Mtatsminda Park)


푸니쿨라 스테이션Funicular Station은 알고 보니 우리 집, 그러니까 내가 머물고 있는 에어비앤비에서 걸어서 겨우 10분 이내에 있었다. 한낮의 강한 햇살은 사그라들어 곧 해가 질 무렵이었다. 경사로에 위치한 푸니쿨라 역은 멀리서 보면 바닥이 기울어져 있는 것만 같은 재미난 모양을 하고 있다. 궁전을 형상화한 것 같은 지붕에 콩콩 박혀있는 타일 색깔이 하늘색과 잘 어울린다고 생각했다.

1인 왕복요금 7라리를 내면 푸니쿨라 카드를 준다. 입장권을 대신하는 플라스틱 카드는 여행지에서의 특별한 수집품이 된다.


"Hurry, hurry!"


마침 푸니쿨라가 문을 닫고 출발하려는 참이다. 빨리 타라는 독촉이 싫지 않다. 웃고 있었으니까. 사람이 한가득인 탈것에 올랐다. 크고 작은 사람들 틈에서 자꾸 눈이 마주치는 그들에게 미소를 지어 보이고 눈을 유리문 바깥으로 두었다.

　포르투갈에서 탔던 비카Bica 푸니쿨라에서 느꼈던 것처럼 낭만적인
느낌은 덜했지만, 조금 더 짜릿하달까. 빠른 속도로 오르는 푸니쿨라
의 투명한 유리창 밖으로 점점 멀어지는 트빌리시의 건물들이 장난감
마을처럼 작아지고 있었다.

　푸니쿨라에서 내리는 사람들 눈빛이 하나같이 빛나고 있다. 호기심
과 기대감으로 가득 찬 듯했다. 밖으로 나가니 산속에 숨겨져 있던 공
원 입구가 뒤로 갈수록 넓게 펼쳐져 있고, 사방이 확 트여있다. 허리 높
이쯤 되는 난간이 커다란 원을 그리며 산 중턱을 드넓은 전망대로 만
든 것이다. 어디가 더 좋은 자리라고 자리다툼을 할 필요도 없이, 사
람들은 군데군데 서서 한없이 도시를 조망하고 있다. 나도 그들 무리
에 끼었다.

　　"하~"

탄식 같은 감탄사가 저절로 새어 나온다. 눈에 띄게 화려하고 높은 건물은 없지만, 하늘과 맞닿은 코카서스 산맥 아래 자리한 도시 모습에 괜히 가슴이 벅차다. 푸른 산 아래 만들어진 도시의 집들은 옹기종기 모여 있다. 한없이 높은 하늘에 마음을 빼앗겼는지도 모르겠다. 곳곳에 지표처럼 콕콕 박힌 교회들이 눈에 들어온다. 돔 형태의 지붕에서 금빛 줄기가 뻗어져 나오는 듯하다. 수많은 외세의 침략을 이겨낸데 큰 힘이 된 것이 있다면 바로 종교의 힘이 아니었을까. 그들은 지금의 조지아를 지켜내기까지 기도를 멈추지 않았다.

파란 하늘이 점점 색을 잃어갈 때쯤 눈에 띄는 것은 단연 '평화의 다리'이다. 구시가지와 신시가지를 연결해주는 다리인 만큼 신문물의 형색을 하며 환한 빛을 뿜고 있다. 트빌리시에 머무는 동안 평화의 다리를 두어 번 건널 일이 있었지만, 그리 특별하게 느껴지는 곳은 아니었다. 다리 한가운데쯤 서서 저 멀리 나리칼라 요새와 어머니상을 조망한다든지, 버스킹하는 사람들의 노래를 듣는다든지 하는 재미는 있었지만, 그 이상도 그 이하도 아닌 딱 그만큼일 뿐이었다. 하지만 밤이 되면 철근구조에 유리가 덧대어진 면에 있는 수많은 LED 조명이 빛을 발하며 존재감을 드러냈다. 관광지의 무분별한 개발 속에서 만들어진 다리일 수는 있지만, 조지아인들에게는 자랑스럽고 아름다운 건축물임이 분명하다.

식사를 마치고 나가는 문을 열었는데, 바람이 세차게 불어 닥친다. 식사를 하는 중에 은밀한 노을의 시간이 지나갔고, 밤이 내렸으니 산속의 기온이 확 떨어진 것이다.

어둠이 엄습하자 트빌리시 대관람차Ferris wheel가 멀리서 반짝거린다. 공원 안쪽으로 산책 겸 걷다 보니, 우리가 아는 흔한 놀이공원의 모습이 서서히 모습을 드러냈다. 한 가지 낯선 부분은 가로등의 수가 적고, 그렇다 보니 놀이기구 주변이 기대만큼 환하지 않았다는 것이었다. 수수하고 고요한 분위기에 운영시간이 끝난 게 아닌가 하고 생각할 때마다 아이들의 웃음소리가 간간이 들렸고, 발자국 소리가 다가오다 사라지곤 했다.

마지막으로 놀이공원에 간 게 언제였는지 떠올리려는데, 도통 생각이 나지 않는다. 바이킹만 타도 멀미를 하는 바람에 탈 줄 아는 것이라고는 아이들 사이에서 타는 회전목마나 범퍼카 정도가 다였고, 롤러코스터는 한 번 타고나면 머리가 산발이 되고 두통이 일었었다. 탈것으로부터 어떠한 재미를 느끼지 못했던 것이다. 아무리 그래도 그렇지, 나의 데이트 역사 속에서도 놀이공원의 이미지가 지워졌다니, 조금은 씁쓸해졌다.

커다란 나무 형태로 뿜어져 나오는 분수를 지나 멀리 TV 타워가 보이는 벤치에 앉았다. 주변에는 저녁 나들이를 나온 가족과 커플이 행복한 기운을 나누고 있었다. 눈이 마주친 꼬마 아가씨가 아이스크림을 먹다 말고 까르르 웃는다. 바람이 불어와 우리들의 머리카락을 흩뜨렸다. 나뭇잎들이 부딪히며 사그락 사그락 소리를 냈고, 놀이공원의 활기찬 음악소리는 점점 사그라들었다.

## 조지아의 성수동, 복합문화공간 파브리카(Fabrika)

그녀는 청바지에 잘 어울리는 하얗고 납작한 운동화를 신고 있었다. 앉아 있기만 한데도 태가 난다. 나는 그녀가 모델이거나 패션 잡지 에디터가 아닐까 생각했다. 이쪽저쪽으로 고개를 돌릴 때마다 흔들리는 갈색 머리칼마저 매력적이다. 나는 그녀의 맞은편, 그러니까 파브리카 한가운데에 자리 잡은 카페 '몰린 일렉트리크Moulin Electrique'의 야외 테이블에 앉아 있다. 내 주위에는 온통 그녀만큼이나 예쁘거나, 개성 있거나 그래서 조금 과해 보이지만 그럼에도 쿨한 사람들 투성이인데, 여기는 트빌리시에서 가장 힙한 곳이기 때문이다.

\* 2층 호스텔에서 머물고 싶었지만, 인기가 많아 조기 마감되었다. 호스텔에 머물면, 투숙객들만의 파티나 모임 등 여행자들에 주어지는 혜택이 있다.

- Georgian Salad : ლ8
- Gerogian Beer : ლ4 (House Wine : ლ5)

124

## Cafe Moulin Electrique

: 11A.M.-1A.M.

: +995 32 202 03 99

: facebook.com/pages/Moulin-Electrique/182597498464884

: 8 Egnate Ninoshvili St, Tbilisi, Georgia

조지아에 온 지 7일째. 그간 조지아식 토마토 샐러드는 거의 매일 먹었지만, 여기만큼 호두 소스가 진한 곳은 없었다. 투박하게 썬 토마토와 오이는 그렇다 치고, 고추 하나가 통째로 접시를 장식하고 있는 모양새라니. 평소에 고추나 마늘 같은 것을 못 먹는 편이지만, 오늘만큼은 고추를 손에 들고 와그작 씹어 먹어야만 할 것 같다.

맛은? 조지아 토마토 샐러드는 무조건 맛있다. 치즈와 고기를 많이 넣는 조지아 음식과 함께 먹으면 상쾌함을 더하는 역할을 해준다. 단품으로 시켜 맥주 안주로 먹기에도 좋은 것은 토마토와 오이 조각이 큼직하고 진한 소스가 풍미를 더해주기 때문이다.

파브리카는 소비에트(USSR) 시대의 거대한 직물공장을 개조한 복합문화공간이다. 1층 즉, 대문을 들어서자마자 보이는 오픈 공간에는 없는 게 없다. 카페와 레스토랑은 물론, 테마별 편집샵이 우리에게 손짓한다. 그뿐일까? 갑자기 피아노? 갑자기 소파? 오랜 전통의 코카서스 스타일 패브릭 러그와 오래된 자동차 혹은, 앉으면 가시에 박힐 것만 같은 나무 상자들이 조화를 이루고 있는 이곳에서는 나까지 힙한 사람이 되는 것 같아 어깨가 으쓱해진다.

파브리카는 리스본에서 방문했던 'FX Factory'와 비슷하다. 그보다 규모는 작지만, 폐공장을 개조했다는 점에서 풍기는 분위기가 그렇다. 네온사인과 벽화가 공존하는 방식이나 레트로 디자인의 소품과 인테리어가 주를 이루는 카페와 편집샵이 그렇다. 파브리카의 편집샵에는 조지아 물가에 비해 비싼 물건들이 많아 무언가를 구입하지는 않았다. 방문한 나라의 특성이 드러나는 기념품에만 집착하는 성향이 있어서 그랬는지도 모른다. 한 가지 아쉬웠던 점은 서점이 없다는 것이었는데, 조지아 사람들 역시 책을 좋아하지만 대부분 길거리 북마켓에 의존하

기 때문인 것 같다. 지하철역 주변으로는 오래된 러시아 서적을 비롯하여 중고책을 단돈 1라리 정도에 팔고 있는 경우가 많다.

| 낡은 벤츠와 꽃 할머니와 뱅쇼 청년들

고르가살리 광장(Gorgasali Square, 트빌리시 남쪽)에서 여기까지 올 때는 걸어왔지만, 너무 힘들어서 갈 땐 택시를 불렀다. 조지아에서 최고로 뽑는 장점 중 하나는 택시비가 저렴하다는 것인데, 얼마큼 저렴하냐면 시내 안에서 웬만한 거리는 1,000원 내외라는 것이다. 가끔은 너무 저렴한 택시비에 미안한 마음까지 들 정도니 말 다했다. (시내

버스와 지하철은 전 구간 0.5라리이다.)

아이러니한 삶의 이면에 대한 생각을 하는 날도 더러 있었다. 택시비가 2~3라리 하는 때면 특히 그랬다. 길거리에서 구걸을 하는 사람들에게도 여행자들은 1~2라리를 던져줄 텐데, 택시기사가 열심히 일해서 버는 돈이나 구걸해서 버는 돈이나 비슷한 상황이었다. 힙하다는 루스타벨리 거리Rustaveli Ave.에서 갑자기 나에게 달려들어 손목에 뽀뽀를 하고 돈을 달라며 붙잡고 놓지 않던 작은 여자아이가 그랬고, 화장을 진하게 하여 무서워 보이기까지 하던 할머니가 꽃을 사라며 나에게 달려들었던 순간도 그랬다. 트빌리시에 머무는 동안 족히 서너 번은 마주친 화장 할머니의 꽃은 대부분 시들어있었다. 가까이 보면 무섭기도 해서 뒷걸음질만 쳤는데, 지금 생각하니 내가 너무했다. 고르가살리 광장 앞에도 꽃을 늘어놓고 하루 종일 자리를 지키는 할머니가 계셨다. 꼭 한번 사드리고 싶었지만, 마음먹었던 날엔 어디에 가셨는지 꽃들만 덩그러니 놓여있어 결국 사지 못했다. 그 일이 이상하게도 지금껏 마음에 남아 있다.

조지아에서는 낡은 BMW나 Benz를 흔히 볼 수 있다. 외제차가 많다고 해서 놀랄만한 점은 따로 있었다. 좁은 골목도 잘 다니려고 일부러 범퍼를 떼 내었나 싶을 정도로 부속품이 없는 차들이 많다. 빳빳한 독일 가죽 냄새는커녕 수많은 사람들이 거쳐 간 좌석에서는 여러 가지 냄새가 담배 냄새와 묘하게 섞여있기도 하다. 도색이 벗겨져 있거나 녹슨 부분이 군데군데 있기도 하여 과연 굴러갈까 의심이 가는 것들이

대부분이다. 상태가 조금 괜찮다 싶은 차들은 대부분 프리우스나 토요타 같은 일본 브랜드이다. 거리를 걷다가 심하게 낡은 자동차를 발견하면 나도 모르게 카메라를 들어 사진을 찍곤 했다. 올드시티의 낡은 건물과 잘 어울리는 것 같기도 했고, 오래된 것을 오래도록 잘 쓰는 사람들을 보며 오히려 마음이 편안해지기도 했다.

　택시기사들의 운전실력 하나만큼은 훌륭하지만, 뒷좌석에 앉아 있다가 소리 지르는 경험을 한 번쯤은 하게 될지 모른다. 급히 끼어드는 차량이 많은데, 일명 칼치기라고 한다. 그 외에는 얀택시 어플만 깔면 가격 흥정이나 도착지에 대한 걱정은 전혀 필요 없다. 간혹 아무 데나 내려줄 경우를 대비하여 어플에서 보이는 지도(GPS)대로 가는지 확인하는 것이 좋겠다.

파브리카 가는 길에, 뱅쇼를 사서 마셨다. 잘생긴 청년들이 팔았기 때문이 아니라, 그냥 지나치려는데 간곡히 사달라는 모습에 넘어갔던 거라고 해두자. 게다가 와인의 고장에서 만든 달달한 뱅쇼라니, 안 그래도 좋아하던 것을 어떻게 그냥 지나칠 수 있었을까. 둘이서 한 잔만 사겠다고 하는데도, 그들은 신이 났다. 그날의 첫 손님이기라도 한 걸까. 한껏 기분이 좋아진 그들과 사진도 찍고 가벼운 대화를 나누곤 길을 떠났다. 한국에서 마시는 것보다 진한 과일향이 맴도는 건 기분 탓일지 몰라도, 한낮에 뱅쇼를 홀짝거리며 거리를 걷는 기분이 끝내준다는 건 확실하다. 현지인들이 자주 다니는 신시가지에 있는 거리여서인지 한껏 멋을 낸 사람들이 야외 테이블에 앉아 커피를 마시고 있었다.

루스타벨리 지하철역 근처에서 자주 보이는 헌책 할아버지한테서 옛 소련 만화책도 하나 구입했다. 1라리를 받는 할아버지의 표정은 비록 뾰로통했지만, 그건 쌀쌀맞으면서도 다정한 할아버지의 전유물 같은 모습인 것 같아서 그저 좋았다.

4. 시그나기

# 사랑스러운 도시,
# 시그나기

조금 열린 창문 틈새로 불어 들어오는 바람이 청량하다. 사랑의 도시, 시그나기Sighnaghi로 향하는 달리는 차에서 시작하는 아침. 오른쪽, 왼쪽을 번갈아 보며 하나, 두울 구름을 세어보는 손가락 끝에 햇살이 닿는다. 뚝뚝 떼어낸 수제비 같은 구름과 그 아래 끝도 없이 이어진 산맥에서 눈을 떼기 힘들다. '산의 맥이 끊기지 않는다.'는 것이 이런 거구나. 자연이 만들어낸 성벽 같은 것. 그 옛날 적들에 대하여 방패가 되어준 것. 든든하고 아름답고 웅장하고 고요한 '산'이라는 이름을 가만히 발음하니 마음이 강해지는 것 같다.

이 '탈것'은 마슈로카Marshrutka라고 불리는 조지아의 주요 교통수단이다. 20명이 넘는 승객을 꼭꼭 채우고 나서야 운전기사는 시동을 건다. 트빌리시의 삼고리Samgori역 터미널에서 두 시간쯤 달려 도착하는 곳을 운전기사의 재량에 따라 한 시간이 걸리기도 한단다. 조지아 운전사들은 꼬불꼬불 길도 빨리 잘 달리는 베스트 드라이버기 때문이다. 두 시간 이동쯤은 아무것도 아닌 것이, 며칠 뒤에 기차로 떠날 메스티아에 마슈로카를 타고 간다면 11시간이나 걸린다는 것이다. 그래서 대

부분 9시간의 기차 여정을 택하지만 말이다. 탄자니아의 '달라달라'와 태국의 '썽태우'보다 조금 더 나은 교통수단이라고 해야 할까? 물론 좌석 한 자리씩 차지할 수 있다는 장점이 있긴 하지만, 자리를 빼곡히 채우고서야만 떠나는 장거리 여행이라는 점에서 점수를 뺏겼다고 해두자.

마슈로카로 가득 찬 버스 터미널에서는 무작정 "시그나기! 시그나기!(에 가요!)"라고 외쳐야 하고, - 사실은 두리번두리번 거리다가 눈 마주치는 사람에게 "시그나기?"라고 물어도 된다. - 친절한 조지아 아저씨들은 손가락으로 '저기'라며 가르쳐 준다. 같은 행동을 두어 번 반복하다 보면 어느새 시그나기 행 마슈로카에 앉아있는 자신을 발견하게 될 것이다. 단 출발시간에 딱 맞춰 갔다가는 조금 불편한 간이의자에 앉을 수밖에 없다.

그렇다. 손잡이는커녕 덜컹거리고 삐걱거리는 작은 간이의자에 앉아 나는 지금 이 글을 쓰고 있다. 그래도 괜찮은 것은 음악을 들을 수 있는 이어폰을 잊지 않고 챙겨 왔기 때문이며, 열린 틈새로 불어 들어오는 바람을 느끼는 동시에 하늘과 구름과 산을 파노라마 필름으로 바라볼 수 있다는 것, 이 모든 것들이 완벽한 조화를 이루고 있기 때문이다.

시그나기가 사랑의 도시로 불리는 이유는 무엇일까! 구전으로 전해

오는 이야기라 조금씩 차이가 있을 수밖에 없겠지만 조지아 친구 바초가 직접 말해준 전설은 이러하다.

옛날 옛적 그림 그리는 일을 업으로 삼는 프랑스인이 조지아의 작은 마을 시그나기에 살고 있었다. 어느 날, 그는 조지아에 놀러온 이웃 나라 러시아 여인에게 한눈에 반하고 만다. 그녀의 마음을 얻고 싶었던 프랑스 화가는 자신의 재산을 탈탈 털어 그녀에게 바칠 장미꽃 백만 송이를 준비했는데…. 과연 그녀는 그의 사랑을 받아 주었을까?

이루지 못한 그의 사랑을 담아낸 도시, 시그나기. '백만 송이 장미'라는 노래를 만든 러시아, 그리고 우리나라 역시 그 노래를 리메이크했으니…. 이야기를 들려준 조지아 친구 바초와 러시아 친구 사샤와 다냐, 그리고 한국인인 나와 제이는 "우리들이 이렇게 만난 건 운명인 거야."를 외쳤다.

음악을 듣다가, 메모앱을 열어 글을 쓰다가, 눈을 감았다가 떴다가 하는 도중에 마슈로카는 중간 중간 자주 멈춰 섰다. 완행버스였던 모

양이다. 사람들이 내리고 탔다. 맨 뒤에 빈 자리가 하나 남아 있던 이유
는 중간에 탈 친구를 위해 남겨둔 자리였다.

꾹 참았던 멀미가 날 때쯤 시그나기에 도착했다. 도착하자마자 트빌
리시로 돌아오는 마슈로카 표를 미리 사두라는 누군가의 조언이 떠올
랐다. 알아볼 수 없이 무어라 휘갈겨 쓴 종이쪽지를 6라리와 바꿨다.
사람이 있을 것 같지 않았던 낡은 건물의 창을 두드려 받은 티켓이었
다. 다른 사람들은 대부분 숙박을 할 예정이거나 시그나기에 사는 사람
들이었던 것 같다. 내 옆에 앉아 창문을 활짝 열어두었던 그녀는 알고
보니 한국 사람이었다. 맨 앞자리에 앉아 한국어 가이드북을 보고 있던
남자와 인사 나누는 목소리를 들었다. 나는 그것도 모르고 "창문 조금
만 닫아주세요."라는 부탁을 영어로 했으니…. 밝은 색 캐리어를 끌고
가는 그녀의 뒷모습이 이 도시와 잘 어울린다고 생각했다.

시그나기라는 도시 이름은 터키어인 'sığınak'에서 온 것인데, '쉼터

혹은 피난처'를 뜻한다고 한다. 그래서일까, 높아져가는 인기에 호텔 증축 및 탈것의 증가 등으로 인해 최근 몸살을 앓는다지만, 그럼에도 불구하고 도시에 머무는 동안은 내내 편안하고 평화로웠다.

성벽으로 향하는 길목에 내가 좋아하는 '예쁜 것들'을 파는 노점상들이 양쪽으로 있어서 더욱 행복했다. 커다란 러그가 빨래처럼 널려 있는 그림에 빠져 셔터를 여러 번 눌러댔다. 그들에게 삶이고 일상인 모습이 내겐 이토록 아름답다는 것에 대해 감사했고 미안했다. 마음 같아선 다 사고 싶었다. 에스닉한 느낌을 풍기는 화려한 문양의 러그는 옛날 우리 집에서 엄마와 도란도란 귤을 까먹던 기억 같은 것을 불러왔다.

18세기 중세의 모습을 그대로 간직하고 있는 시그나기 성벽 Sighnaghi's City Wall은 저 멀리 코카서스 산맥을 바라보고 있다. 아래로 끝없이 펼쳐진 알라자니 밸리Alazani Valley의 드넓은 모습에 한 번 더 가슴이 탁 트인다. 비슷한 시기의 이탈리아 투스카니Toscana와 닮았다는 말이 떠오르자 멀리 높게 솟은 나무들이 정말 이탈리아의 그것과 겹쳐 보이기 시작했다.

시그나기 성벽을 걷는 내내 햇살에 눈이 부셨다. 기분 좋게 불어오는 바람이 우리의 머리카락을 부풀려 놓았다. 좁은 성벽길을 오가는 사람들은 '안녕?' 하고 눈인사를 주고받는다. 성벽에 몸을 바짝 붙이고 지나가는 사람에게 갈 길을 내어준다. 성벽 너머 저 멀리 하늘에 길게 늘어진 구름 띠는 팔을 뻗으면 손에 닿을 것만 같다.

| 쿠시카 레스토랑(Kusika Restaurant)에서 만난 사샤와 다냐와 바초

하늘과 가까운 곳에 자리 잡은 카페를 찾았다. 이미 한 자리씩 차지한 사람들의 모습이 평화롭다. 환영인사를 건네는 소년의 짙은 눈썹이 웃을 때마다 위아래로 움직인다. 와인 한 잔과 토마토 샐러드, 그리고 킨칼리Khinkali, 조지아식 만두요리를 주문했다. 한국에서는 만두를 별로 좋아하지 않았는데, 신기하게도 조지아에서는 자주 생각이 나는 것이다. 수직으로 내리꽂는 햇살을 받는 것도 좋아하지만, 파라솔 그늘에 몸을 반쯤 숨기는 것도 나쁘지 않다. 주위를 둘러보니 식사하는 사람들의 얼굴이 하나같이 생기로 반짝인다.

음식을 주문한 뒤 함께 여행 중인 제이에게 조지아어 인사법들을 알려주고 있을 때였다. 내 말을 듣고 있던 옆자리 조지아 사람 둘이 말을 건다. 마침 자신들도 함께 동반한 러시아 친구, 다냐에게 시그나기 구경을 시켜주고 있다며, "함께 하지 않을래?" 묻는데 거절할 이유가 없었다. 되돌아가는 마슈로카 티켓도 미리 구입해놨지만, 문제될 일이 아니었다. 그들이 트빌리시까지 태워준단다.

그렇게 시작된 시그나기 와이너리 투어. 소형차에 다섯 명이 끼여 타고, 시그나기보다 더 북부인 텔라비Telavi를 여행하며 세 군데의 와이너리에 방문했다. 와인 시음은 물론 저렴한 가격에 와인을 구입하고, 구멍가게 아이스크림을 먹으며 깔깔대고…. 밤 11시가 넘어서 숙소에 도착하기까지의 시간은 온전히 우리 편이었다.

---

- Tomato and Cucumber Salad : ლ7
- Khinkali 5pcs : ლ5
- Zedazeni Beer : ლ4
- Semi-sweet Wine : ლ5

---

## Kusika Restaurant

: 24hours

: +995 599 09 98 12

: facebook.com/Guesthouse-kusika-623116637799810

　처음 우리에게 말을 걸었던 바초는 오늘의 1일 가이드 역할을 한 셈이었다. 바초가 사샤랑 러시아에서 놀러온 다냐를 태우고 여기저기 다니고 있었단다. 사샤는 쿠바에서 1년 동안 살면서 시가cigar에 대한 연구를 지속적으로 했다고 한다. 쿠바산 씨앗을 조지아로 가져와 조지아에서 시가를 만드는 사업을 시작했단다. 쿠바 친구들과 시가밭에서 찍은 사진을 보여주며 이런저런 설명을 해주는 그의 모습이 진지하다. 시가는 쿠바가 유명하지만, 쿠바산 씨앗으로 생산한 그의 시가 역시 멋져 보였다. 한국으로 돌아오기 전에 다시 만난 사샤는 그의 시가를 10개 정도 선물해주었다. 블로그에도 홍보를 하고, 나중에 여행카페를 열면 판매 경로도 알아봐 줄 참이다. 사실 쿠바라는 이름만으로도 나는 신이 났다. 다음 여행지로 쿠바 비행기 표를 미리 구입해놨기 때문이다. 쿠바 남자와 결혼해서 쿠바로 떠나버린 '쿠바댁 린다'를 만나러 갈 계획이 있었으니까. 우리는 어쩌면 쿠바에서 다시 만날 인연이 될지도 몰랐다.

　우리의 와이너리 투어는 그렇게 시작되었다. 어찌 보면 겁도 없이 시

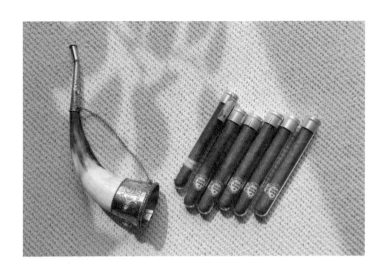

작한 여행길이었다. 트빌리시에 꼭 데려다준다는 말만 믿고 그들 차에 덥석 올라탔으니. 한 잔, 두 잔 마시기 시작한 와인에 머리가 핑핑 돌기 시작한 걸 느낀 시간은 밤 9시가 다 됐을 때였다.

| 의도치 않았지만 그 이름도 화려했던 와이너리 투어

그들은 처음 "조지아에서 가장 맛있는 아이스크림을 먹으러 갈 건데 같이 갈래?"라고 말을 붙여왔다. 그리고는 "와이너리 투어는 해봤겠지? 조지아 와인은 끝내주거든." 했는데, 그 앞에서 고개를 절레절레 흔드니 오늘은 그럼 무조건 와이너리를 가자는 거다. 마침 바초는 어머님께 드릴 와인을 사야 한다고 했다.

저녁 버스로 돌아가려 했지만, 그들이 데려준다고 하니 조금 늦는다고 문제될 것 없었다. 포르투갈에서 와이너리 투어를 여러 번 했기에 조지아에서는 생략하려고 했던 부분까지 충족할 수 있단 생각에 바로 따라 나섰다.

처음 들른 곳은 'KTW group'에서 운영하는 곳이었다. 규모가 꽤 큰 공장이 뒤로 펼쳐져 있어서 볼거리는 있었지만, 무료시음 프로그램은 없단다. 마음껏 둘러보고 사진을 찍어도 된다기에 너른 잔디에서 잠시 휴식을 취하고 다시 길을 떠났다.

두 번째로 들른 'Sanavardo Wine'에는 조지아 전통 와인 양조법인 크베브리Qvevri 방식을 따르는 토기 항아리가 땅속에 묻혀 있었다. 사실 조지아의 모든 와인은 포도 품종은 다를지라도 이와 같은 방식으로 만들어진다. 8천 년이 넘도록 같은 방식을 고수하느라, 많은 나라로 수출할 만큼의 와인을 생산하는 것이 어렵다고 했다.

두 무릎을 땅에 대고 앉아 항아리 입구 투명 막에 코를 박고는 안을 살펴보았다. 토기로 만든 항아리인 크베브리는 그 크기와 모양도 다양했다. 잘못 만들어진 항아리에서 숙성된 와인은 나중에 제대로 된 맛을 내지 못할 가능성이 크다고 한다.

스나바르도Sanavardo는 시그나기와 비슷한 작은 도시이다. 조지아의 동쪽인 카케티 주Kakheti에 와인 산지가 몰려있는데, 그 중 하나이다. 우리는 커다란 테이블에 앉아 종류별 와인 테이스팅을 시작했다. 다소 저렴한 가격의 드라이한 화이트 와인과 레드 와인부터 맛을 보았다. 한 병에 10라리라는 것을 알고 큰 기대를 하지 않았지만, 의외로 혀에

닿는 느낌이 산뜻하며 맛이 좋았다. 조지아에서는 세미 스위트 와인이 맛이 좋다. 부드러우면서도 적당히 달콤하고, 그러면서도 가볍지 않은 깊은 맛을 내기 때문이다.

적은 양이지만 테이스팅만 여섯 잔 정도를 하며 우리는 많이 웃었다. 우리를 안내해준 직원도 우리와 함께 앉아 와인을 마셨다. 햇살이 그대로 통과하는 투명한 유리 통창 건너편에서 와인을 마시며 웃고 있는 모습이 마치 영화의 한 장면 같았을 것이다. 세상에서 가장 유쾌하고 따뜻했던 와이너리 투어라 해도 지나치지 않을 시간이었다. 테이스팅으로 가장 맛이 좋다고 느꼈던 세미 스위트 와인 두 병을 구입했다. 한 병에 겨우 15라리라서 깜짝 놀랐다. 요전날 샀던 와인 미니어처 세트 역시 트빌리시에서보다 훨씬 저렴한 가격에 팔고 있어서 함께 구입했다. 좋은 와인을 살 수 있게 도와준 친구들에게도 하나씩 선물했다.

"그런데 아이스크림 맛집도 간다고 하지 않았어?"

다시 차에 올라탄 바초는 아무리 봐도 어디로 가는지도 모른 채 구글맵을 켜고 GPS만 작동시킨 상태인 것 같다.

"지금 가고 있어. 거의 다 왔어."

호기롭게 말하며 바초가 우리를 데리고 간 곳은 다름 아닌 동네 구멍가게였다. 화장실에 다녀온 우리에게 조지아에서 가장 맛있는 아이스크림을 건네는 바초의 손은 귀엽기 그지없다. 그의 손에 들린 '가장 맛있다는 아이스크림'은 우리나라에서 파는 빵빠레와 비슷한 모양을 하고 있었는데, 그것보다 양은 적었고 맛은 향수를 불러일으킬 정도로 비슷했다. 빵빠레는 내가 좋아하는 아이스크림 중에 하나였기 때문에 금방 먹어버렸다. 고맙다고 인사하는 내게 바초는 그새 아이스크림 하나를 더 사와 안겨준다. 웃을 수밖에. 한국에도 비슷한 것이 있다는 말은 끝내 하지 않았다.

예상치 못한 문제는 와이너리 투어가 아직도 끝나지 않았다는 데에 있었다. 바초가 어머니께 사드려야 할 특정 와인을 파는 샵을 찾기가 어렵다는 것이다. 트빌리시에 데려다준다고 한 시간은 훌쩍 지나고 있었지만, 어쩔 수 없이 여정은 계속되고 있었다.

세 번째로 방문한 곳은 'Marani Old Vine'이라는 양조장이었다. 구글맵에서 검색해보니 꽤 인기가 많은 편이다. 도착하는 순간 해는 지고 말았다. 오늘 하루 동안 겨우 토마토 샐러드와 킨칼리 단 두 개만 먹고는, 또 와인 테이스팅을 하러 왔다는 사실을 그제야 깨달았다.

'정신 차려야지.'

긴장했던 마음이 조금 풀어졌던 이유는 인상이 너무 좋은 노부부가 우리를 맞이했기 때문이다. 그들이 입고 있는 옷 역시 시골 우리 할머니와 할아버지들이 입고 있을 법한 홈웨어 같은 것이라서 더 그랬을지 모른다. 취기가 올라 조지아어로 이것저것 마구 말을 건네는 우리의 방문이 그들도 귀찮지만은 않은 모양이다.

이곳은 조금 더 전통적인 느낌을 풍겼다. 크베브리 보관 창고를 따로 가지고 있는 것은 물론, 손으로 빚은 토기에 담은 와인도 팔고 있다. 핸드메이드 토기에 직접 물감을 칠하고 조각칼로 무늬를 새겨 넣은 와인 병들에 계속 마음이 갔다. 우리가 구경을 하는 동안 긴 테이블에 앉아 할머니가 내어주신 올리브와 빵조각을 먹고 있던 사샤와 다냐를 보니 기분 좋을 만큼 살짝 취한 것 같다. 나도 와인은 한 모금만 마시고 더 이상은 거절했다. 와인의 취기가 늦게 올라온 탓도 있었지만, 차를 타고 오는 중간 중간 사샤가 권하는 '차차'를 마셨기 때문이다. 포도 껍질에서 추출한 조지아 전통 술인 차차는 보드카만큼 도수가 높지만, 집집마다 직접 만들어 즐겨 마실 정도로 인기가 많은 술이라 이렇

게 아무 때나 마시곤 한다.

밤이 깊어가는 만큼 우리는 점점 와인 향에 취하고 있었다. 유난히 밝게 빛나는 달이 그날따라 둥그렇게 보였다. 14일에서 15일로 넘어가는 밤의 길목이었다.

예쁜 토기에 담긴 와인은 20년산인데, 40라리에 주겠다고 하신다. 그러면서도 20년이라는 시간이 흐르는 동안 맛이 변질되었으면 어쩌나 걱정을 하며 팔아도 되는지 고민하셨다. 나는 어차피 30년산이 될 때까지 맛을 볼 것 같지도 않고 해서 그냥 구입하고 말았다. 오늘, 이 곳이 아니면 다시 보지 못할 '특별한 병'에 담긴 '특별한 시간'이라는 확신이 든 순간이었다.

집으로 돌아가는 길은 생각보다 더 고되었다. 어차피 운전은 바초가 하는 것이지만, (당연히 바초는 술을 한 모금도 하지 않았다) 작은 차에 몸을 구겨 넣고 3시간을 달려가야 한다는 생각만으로도 이미 몸은 녹초가 된 것만 같았다. 처음에는 조심스럽게 운전을 하던 그 역시 밤이 깊어가자 페달을 세게 밟았다. 뒷좌석에서 창문에 머리를 기댄 채 눈을 감고 급정거와 과속의 반복을 세어보다 까무룩 잠이 들었다.

눈을 떴을 때 트빌리시의 야경이 나를 반겼다. 토요일 밤이라 그런지 도심 근처에 다다르자 정체가 생겼다. 트래픽에 갇힌 차들의 헤드라이트가 별빛처럼 형형하게 빛나고 있다. 밤 11시에 무사히 우리를 숙소에 내려주고 떠나며 그들은 인연을 계속 이어나가자고 한다. 당연한 말이었다. 갑자기 만난 인연과 보낸 하루라는 시간이 꿈처럼 느껴졌다. 이 글을 쓰는 지금도 문득 그날 마셨던 조지아 와인 향이 나는 듯해서 마시고 있던 찻잔을 들고 킁킁거려 본다.

＊ 조지아 와인은 매우 저렴해서 와이너리에서조차 한국 돈으로 약 5,000~10,000원이면 괜찮은 와인을 구입할 수 있다.

# 5. 메스티아

# 주그디디 열차

| 트빌리시 → 주그디디 주간열차

처음부터 기차를 탈 계획은 아니었다.

트빌리시에서 메스티아로 가는 가장 빠르고 편한 방법은 바닐라 항공을 이용하는 것이다. 기차를 타고 9시간 걸려 주그디디Zugdidi, ზუგდიდი에 갔다가, 그곳에서 마슈로카로 갈아타고 3시간 걸려 가는 곳을 바닐라 항공으로는 50분에 갈 수 있기 때문이다.

문제는 조지아의 바닐라 항공이 그리 만만치 않다는 데 있었다.

15명 남짓 정원인 경비행기의 예약 시기가 언제가 될지 알 수 없기 때문이다. 60일 전부터 수시로 예약 사이트를 들락날락거려야 한다. 때마침 예약 가능한 홈페이지가 열려 클릭 버튼을 눌렀다 한들, 매진이라는 팝업창이 뜨기 일쑤다. 운이 좋아 항공권 티켓을 거머쥐고, "오예!"를 외쳤다 한들 수시로 항공 스케줄이 취소되기도 한다. 그뿐일까. 무사히 항공 스케줄이 진행된다 해도 비행장까지 가는 셔틀버스 정류장이 조금씩 변경되거나, 탑승시간을 기다려주지 않고 떠나버리기도 한다.

그럼에도 불구하고 바닐라 항공을 이용할 수 있다면, 약 12시간 걸려서 갈 거리를 50분에 갈 수 있으니, 9만 원의 티켓 값도 아깝지 않을 텐데….

나는 예약 실패의 영광을 안고 말았다. 스스로에게 시시한 위로를 건네본다.

'괜찮아. 예약했다가 취소되는 것보다는 낫지. 날씨가 어떻게 될지 모르잖아?'

| '기차'라는 탈것이 주는 희미한 낭만에 대하여

플랫폼에서 기차를 기다리는 설렘. 내 자리를 찾아 두리번거리는 몇 걸음. 다른 여행자들의 어깨와 배낭에 닿은 시선. 창밖의 풍경을 담겠다는 의지. 사소한 시간의 흐름이 하나의 이야기가 되는 기차여행을 떠난다.

산골마을 메스티아에서 3박 4일 일정을 계획했다. 갈 때는 주간열차를 타고, 돌아올 때는 야간열차를 타기로 결정했다. 야간열차는 밤 시간 이동 즉, 숙박비를 아낀다거나 하루 여행 시간을 확보한다거나 하는 등의 이점이 있지만, 그만큼 피로가 따르기 마련이다. 시간을 벌겠다고 밤비행기를 이용하거나 야간버스를 타봤자 다음날 피로를 풀 충분한 시간이 필요했고, 여행하는 날들 내내 지속적인 영향을 끼쳐 고생한 적이 종종 있었다.

'난 더 이상 생기 넘치는 이십 대가 아니잖아.'

시무룩은 걷어치우고, 현실을 계획하자.

　주간열차를 타고 주그디디로 향하는 배낭여행객들도 꽤 많았다. 저마다 배낭을 짐칸에 싣고 털썩 의자에 앉자마자 눈을 감거나 음악을 듣고 있다. 내 앞자리의 의자는 등받이 고정 레버가 고장났는지 앞뒤로 삐걱거리며 제대로 고정이 되지 않았다. 조지아 현지인으로 보이는 아주머니 두 분이 자리를 확인하다가 얼굴을 찌푸리더니 앞으로 가서 앉아버렸다. 좌석제인데 이상하다 싶을 때쯤 들어온 젊은 여행객들이 그 자리에 앉았다. 영문도 모르고 자리를 바꿔준 모양이다. 오래전에 미리 인터넷 예약을 해서인지 우리가 배정받은 자리는 기관사 바로 뒷자리인 1, 2번이었다.

　출발한 지 한 시간쯤 흘렀을까, 사람들이 자꾸 우리 자리에 와서 기

관사가 운전하는 창문을 들여다본다. 손가락을 치켜세우고 킥킥거리며 서로에게 "저것 봐." 한다. 그때마다 기관사는 경적을 울렸다.

기차가 자꾸 "빠-앙" 하고 경적소리를 내는 이유를 뒤늦게 알았다. 시골길을 느리게 달리는 기차가 왜 이렇게 자주 경적소리를 내는지 궁금했는데, 바로 저 녀석들 때문이었다. 시도 때도 없이 소나 말, 돼지가 기찻길을 건너고 있다. 뒤뚱대며 유유히 길을 건너는 그들이 너무 귀여워 얼른 영상에 담았다. 조지아에서 동물은 탈것보다 위에 있다.

기차 내 화장실 상황이 좋지 않다는 후기를 읽고 최대한 물을 아껴 마시고 있었지만, 한 번은 가야 하는 시간이 왔다. 9시간 걸리는 야간열차에 비해 주간열차는 6시간 이동이라 그냥 넘어갈 수 있으려나 했는데 아니었다. 흠, 기차 화장실은 잠겨 있다고 하던데, 표 검사를 하는 직원에게 열어달라고 하면 되려나? 하필 화장실 근처에 갔을 때 기차가 잠시 정차를 하는 시간이었고, 열쇠를 가진 직원은 기차에서 내려버렸다. 조지아에는 애연가들이 많아서 그런지, 기차가 정차할 때마다 내려 담배를 피우고 다시 기차에 올라타는 사람들이 많다. 그렇다고 오로지 담배를 피우기 위한 시간인 건지, 사람이 타고 내리는 건지는 확실히 알지는 못했다. 화장실 열쇠를 가진 아저씨가 돌아올 때까지 문 앞에 서서 기다렸다. 오가는 사람들과 눈이 마주치면 눈인사를 하고, 화장실을 이용하러 온 사람들에게 자초지종을 설명해주기도 했다.

직원이 돌아왔고, 알고 보니 화장실 문을 열어두고 다녀왔다고 한다. 워낙 겁을 먹고 들어간 화장실이라 그런지 생각보다 상태는 양호했다.

| 주그디디 → 메스티아 마슈로카에서 만난 세계 여행자들

주그디디 기차역에 내리면 메스티아 행 마슈로카가 잔뜩 기다리고 있다. 주그디디 도시 자체는 관광지가 아니라 볼거리는 없지만, 메스티아로 간다면 무조건 거쳐야만 하는 관문이다. 1, 2번 좌석에 앉아 있던 우리는 거의 꼴찌로 내렸다. 어물쩡하다가는 마지막 마슈로카를 타고 탑승객수를 다 채우지 못해 오랫동안 기다려야 할 상황이 생길지도 모른다. 내가 탄 마슈로카는 기차에서 내 주변에 앉아 있던 사람들이 대부분이었다. 같은 열차 칸 사람들을 통째로 옮겨 놓은 것만 같다. 낯선 느낌은 덜했지만, 그렇다고 어색함을 완전히 털어버리지는 못한 여행자들이다. 버스는 마지막 손님을 앞자리에 태우고 음악과 함께 출발했다.

내 옆에 앉은 여행자는 포르투갈에서 왔다고 했다.

"뭐라고? 포르투갈은 내가 정말 좋아하는 나라야!"

나는 반색하며 소리를 지를 뻔했다. 게다가 이름이 조르제Jorge란다.

"Jorge? 상조르제 성Castelo de S. Jorge 할 때 그 Jorge? 그렇담 너도 Saint?"

같은 농담을 던지며 함께 웃었다.

그 사이 앞자리 분위기는 이미 흥이 넘치고 있었다. 조지아 운전사가 아무래도 마지막 탑승객인 스웨덴 여행자 제니Jenny에게 반한 것 같다. 그녀에게 반했다고 해서 어떻게 해보겠다는 게 아니라, 눈이 예쁘다는 등의 칭찬을 하며 제니에게 자꾸 말을 시키고 있던 것이다. 눈을 마주치며 말을 시키는 횟수가 점점 늘어날수록 나는 불안감을 키우고 있었다. 앞을 제대로 보지 않는 것도 모자라 자기 휴대폰에 담긴 가족사진을 자랑하더니, 창문을 열고 담배에 불을 붙이기까지 하는 것이다. 그 순간, 뒷자리에 앉아 있던 조지아 아주머니께서 호통 세례를 내리셨다. 조지아어라서 제대로 이해하지는 못했지만, 담배를 피우지 말라는 말인 건 분명했다. 운전기사는 바로 담배를 껐고, 그들은 아무렇지 않은 듯 함께 웃었다. 화를 낸 것은 아니었나보다. 그들의 수다는 계속되었다.

어느 순간 제니가 뒤를 돌아보며 내게 물병을 건넨다. 대화중에 자주 손에 들고 마시던 '차차'를 우리도 나누어 마시잔다.

"그게 물이 아니라 차차였다고? 세상에나!"

한국 드라마를 좋아한다는 태국 여행자들, - 그들은 기차에서 고장 난 의자에 앉아있었다. - 네덜란드에서 온 말 많던 핀Finn, 이라크에서 온 알리Ali와 중국인 커플, 우린 3시간 30분 동안 간간이 대화를 나누며 조금씩 가까워졌다. 푸른 호수 앞에서 쉬어가자고 한 운전기사가 한없이 쉬어가는 바람에 서로 인사하는 시간이 길었기 때문이었다.

# 메스티아 마을

(Mestia, მესტია)

## | 천 년 탑이 지키는 귀여운 마을, 우쉬굴리

우쉬굴리를 발음할 때 둥그렇게 변하는 입술이 귀엽다. 마을 사람들이 동글동글하게 생겼을 것만 같다. 마치 미어캣처럼 서서 마을을 지키는 탑에서는 뭉게뭉게 연기가 나올 것만 같고.

'아직 사람의 발길이 닿지 않은 곳'에 대한 열망이 있다. 여행자라면 누구나 한 번쯤 가져보았을 감정일 것이다.

천 년 동안 유럽 중세 스타일 마을의 모습을 지켜온 우쉬굴리Ushguli, უშგული로 가는 여정이 쉽지만은 않다. 낭떠러지로 이어진 외길은 뱅글뱅글 산을 따라 그려진 듯하다. 비가 오는 날엔 흙더미가 무너져 내려 꼼짝없이 갇히기도 한단다. 튼튼한 바퀴를 가진 차량만이 지나다닐 수 있는 이 길도 이젠 곧 아스팔트로 깔린다 하니 바로 지금이다, 코카서스 산맥 아래 자리 잡은 작은 마을을 여행하기에 딱 좋은 시기는.

아침부터 주섬주섬 우비를 챙겨 나섰다. 메스티아에서 우쉬굴리까지 가는 두 시간 동안 구름이 걷히길 바랐지만, 오히려 더 무거워진 모양이다. 후드득 내리던 빗줄기는 점점 더 굵어지고 있었다. 곳곳에 생

긴 물웅덩이는 점점 더 깊어졌고, 이 물 웅덩이들은 우리가 생각하는 그 정도의 것들이 아니었다. 비가 오는 날 메스티아에서 우쉬굴리로 가려면 꼭 4륜 구동차가 움직여야 한다. 중간 중간 도로가 유실되기도 하며, 산에서 폭포처럼 내려오는 물줄기를 건너야 하는 경우도 있기 때문이다. 조지아에서 렌터카 여행이 쉽지 않다는 말이 괜히 나온 것이 아니었다.

꿀렁거리는 차를 타고 우쉬굴리에 도착했다. 산속 마을이라 기후변화가 무쌍하다는 말에 기대를 했는데, 오늘은 아닌가보다. 구름은 먹물을 섞은 듯 점점 더 흐려지고 있었고, 기온마저 점점 더 내려가 몸이 한껏 움츠러들었다.

우쉬굴리에 있는 카페들은 죄다 귀엽다. 몇 개 안 되는 게스트하우스에 딸려 있는 것 외에 두세 개뿐이다. 마을에서 가장 떨어진 즉, 산골짜기 가까이 있는 카페 레미Cafe Lemi를 찾았다.

끼익-

나무문을 열고 보니, 비 오는 날 오전에 찾아온 손님은 우리뿐이다. 영어를 못하는 부모님을 도와 예쁜 소녀가 함께 카페 일을 돕는 듯했다. 스바네티Svaneti - 메스티아 지역이 포함된 조지아 북서부 지역을 통칭하는 이름 - 그림이 그려진 맥주와 따뜻한 커피, 그리고 식사를 대신할 카차푸리를 주문했다. 치즈가 쫘악 늘어나는 조지아식 화덕구이 피자(라 쓰고, 빈대떡이라고 부르겠다)는 느끼한 거 못 먹겠다 하는 사람도 두세 조각은 거뜬히 먹을 수 있을 정도로 맛있다. 차가워진 손과

마음이 다시 따뜻해졌다.

하염없이 내리는 비를 바라보기만 하는 것도 좋은 시간이었다. 마침 밀린 일기를 쓸 시간도 생겼다. 일기를 쓰다가 그림도 그렸다. 소녀에게 주었더니 활짝 웃었다. 웃을 때 소녀의 유독 검은 눈동자가 더욱 커졌다.

"마들로바(მადლობა, Thank you)."

우리는 서로에게 고마운 시간을 나누었다.

- Khachapuri : ლ7

- Svaneti Beer : ლ5

- Coffee : ლ3

- Tea : ლ3

## Cafe Lemi

: 8AM – 12AM

: +995 591 05 35 33

다음날 해가 쨍하다. 우리는 메스티아의 어느 예쁜 산자락에 머물고 있었지만, 그러니까 이미 예쁜 곳에 있었지만, 우쉬굴리의 예쁨을 다시 보고 싶었다. 오늘은 독일인 부부와 함께 차에 올랐다. 그들은 5년 만에 우쉬굴리를 다시 찾는다고 했다. 사랑하는 사람과 함께한 추억의 장소를 다시 찾는 것만큼 로맨틱한 일이 또 있을까.

오늘은 날이 좋아 조금 더 멀리 트레킹 코스를 따라 걸을 수 있겠다. 주어진 시간은 많지 않았다. 우쉬굴리에서 숙박을 하지 않는 이상 일행과 함께 돌아가는 시간을 맞춰야 한다. (우쉬굴리에서의 하룻밤도 계획했었지만, 자주 발생한다는 단전과 단수 문제로 단념했다.)

비 오는 날에 만났던 돼지 가족과 다시 마주쳤다. 꿀꿀거리는 아기돼지를 아무래도 이번에 처음 본 것 같다. 온몸에 진흙을 묻히고 요상한 냄새를 풍기며 지나가는 돼지 무리에 비위가 상할 만도 한데 제법 괜찮다. 밥 달라고 꿀꿀거리며 엄마돼지를 졸졸 따라가는 모습이 새삼 귀엽기만 하다. 저 멀리 산등성이에는 알록달록한 소의 무리가 풀을 뜯고 있다. 사람만큼 커다란 독수리가 하늘을 빙빙 돌며 그림자를 만든다.

파란 하늘이 주는 청량함에 기분이 좋아졌다. 켜켜이 겹쳐진 산등성이 사이로 흐르는 물과 솟아오른 설산 꼭대기를 바라보는 것만으로도 좋은 여행이었다. 걷는 것이 그저 좋았다. 오랜 세월 침묵하고 있는 거대한 산은 마냥 확고부동하게 서있었다. 변하지 말자고, 그렇게 다짐했다.

* 메스티아 → 우쉬굴리 : 1인 왕복 40라리(4명 기준)

* 조지아의 스바네티 지역 중에서도 Upper Svaneti에 속하는 우쉬굴리는 유네스코

세계문화유산(UNESCO World Heritage Site)으로 지정되어 있다.

## 메스티아에서 이룬
## 타닥타닥 벽난로 로망

| Larda Guest House

"어? 분명히 여기가 맞는데, 어디지?"

지도상 분명히 이쯤이 맞는데 도통 문을 못 찾겠다. 게스트하우스 주변 길을 뱅뱅 돌다가 뒤늦게 "찾았다!" 외치며 작은 문과 문패를 보고 배시시 웃었다. 끼익 문을 열고 자박자박 자갈길을 밟는 짧은 시간, 싱그럽다.

2층짜리 목조 건물 1층에는 주인이 살고 있나 보다. 문 앞에서 두리번거리다가 빨래를 널고 있던 다른 여행자와 눈이 마주치니, '똑똑' 해 보라는 제스처를 한다. 함박웃음을 지어 보였다.

"고마워, Thank you!"
"안녕? 너희 한국인이야? 요즘 한국인들이 많이 오네. 옆방에서도 머물다 갔어."

"요즘 한국인들이 조지아를 더욱 많이 찾고 있거든. 그나저나 방이 너무 예쁘다! 새로 지은 거야?"

"아니! 100년도 넘은 집이야. 게스트하우스를 시작하면서 내부를 리모델링한 건데, 스바네티 느낌을 살리려고 한쪽은 돌벽을 그대로 살려놓았어. 오래된 가구와 벽난로도 마음에 들었으면 좋겠어!"

여행자의 마음에 쏙 드는 집이 아닐 수 없다! 주인 말대로 조지아 북부지방, 메스티아 느낌이 풍풍 난다. 주인이 미리 열어둔 창문으로 들어오는 바람에 새하얀 커튼이 춤추고 있었다. 침대 머리맡에 있는 돌벽에서 느껴지는 질감이 신비롭다. 건축에서는 재료가 주는 물성이 중요한 역할을 한다는 글을 읽은 적이 있다. 차가운 돌벽이라도 주홍빛 조명이 닿으면 자연 그대로의 따뜻함이 느껴진다. 나무 침대와 나무 협탁, 보송보송한 냄새가 나는 침대 시트 위에 한 번 더 덮어 놓은 하얀 손뜨개 이불까지 완벽하다!

사랑스러운 게스트하우스에서 이틀을 지내고, 작별인사를 하고, 우린 산속으로 떠났다. 산속에 작은 집들이 옹기종기 모여 있는 비밀스러운 마을이 있다는 소문을 들었기 때문이다.

호기롭게 찾아간 그곳은 실로 영화 속에서나 나올 법한, 그러니까 파라다이스 같은 무인도에 불시착한 생존자들이 새 삶을 꾸리는 이야기나, 세상이 이기적인 것들로 인해 무너져 내릴 때 이곳에 있는 사람들만큼은 영원히 행복하게 오래오래 살았다는 이야기에 어울릴 법한, 그런 곳이었다. 여행자들은 구름 사이에서 유영하듯 그네를 타거나 담요를 덮고 책을 읽다가 통나무집으로 올라가 잠을 청하는 시간을 향유하고 있었다.

'나의 시간도 이 마을 한 페이지에 저장되는구나.'

연기가 피어오르고 있는 마을 식당 앞에서 사람들과 인사를 나누면서 매니저를 기다렸다. 핸드메이드라며 간절한 눈빛을 보내는 그녀의 손때 묻은 자석도 하나 구입했다.

두둥. 기대감에 부풀어 올라 가득 찬 풍선이 피융하고 바람이 빠져나갈 소식을 접했다. 몇 달 전에 미리 예약한 '나의' 통나무집을 불과 30분 전에 다른 사람에게 내어주었다는 거다.

"WHATTT!?"

예약 페이지에 도착 예정 시간을 5시라고 메모해놓고는 5시 30분에 도착해서 그랬단다. 아마 예약 없이 찾아온 배낭여행객들이 간절히 원하니 방을 내어준 모양이다. 미안해해야 할 그들 서넛은 합심해서 '네 탓이야.'라는 표정과 말투로 일관했다.

"대신 여긴 어때!? 원하면 여기라도 내어줄게."라고 보여준 하나 남았다는 통나무집은 아직 미완성이었다. 문이 제대로 닫히지 않아 벌레와 바람이 숭숭 들어오고 장작 패는 도끼 소리가 끊임없이 들려오는 창고 위에 있는 작은 방.

침대에 걸터앉아 바깥 풍경을 보는 기분이 좋지 않았다. 공용 화장실과 샤워실을 쓰는 숙소임에도 숨겨진 마을에 있다는 이유 하나만으로 선택한 장소였는데…. 가장 좋은 뷰를 가진 통나무집 방을 찜하려고 몇 달 전부터 예약한 곳이었다.

아침의 산만큼 산뜻했던 내 기분은 쑤욱 가라앉고 말았다. 내가 어떻게 할지 고민을 하는 사이 제이는 매니저에게 항의를 하고 있었다. 몇 달 전부터 예약한 방을 30분 만에 강제 취소하고는 미안하단 말보다 '싫으면 그냥 가도 돼.'로 일관하는 태도에 화가 난 것이다.

휴….

새침하게 배낭 메고 휙 돌아설 수 있는 그런 곳이 아니었다. 높은 산 중턱에 있어서 차가 없으면 내려가지도 못한다. 우리는 이미 내일 데리러 올 택시를 예약해 놓은 상태였다. 게다가 여긴 내가 꼭 오고 싶어 벼르던 곳이 아닌가. 숙박은 못하더라도 몇 시간이고 시간을 보내

고 싶은 산등성이 비밀 마을이었다. 조지아에서 나만이 알고 싶은 그런 공간이었다.

한참을 고민했지만, 이 산속 마을에서 예쁜 마음으로 지낼 수 없겠다는 결론을 내렸다. 바람이 불어 닥치는 통나무집에서 밤을 지새우는 것도 무리가 있어 보였지만, 그들의 태도 역시 잘못되었고, 제이의 입장도 있었다. 제이는 절대 화를 내는 사람이 아닌데 오죽했을까. 내가 조지아 여행 중에 가장 기대한 곳이라는 것을 알고 있어서 그랬단다. 여행 중에 얼굴 붉히는 일이 거의 없던 우리에게 닥친 슬픈 일이었다.

매니저는 내가 마지막 남은 미완성 통나무집에서라도 지낼 줄 예상했던 것 같다. 처음에는 아랫마을로 내려가려면 차량비를 40라리 내라고 했었지만, 마침내 미안했는지 그냥 태워주겠다 한다. 울음이 터질 듯한 내 얼굴을 읽었는지도 모른다. 원하면 마을 숙소를 소개해주겠단다.

절레절레 고개를 저었다. 여러 가지 감정이 섞여 있었다. 망가지기 일보 직전인 낡은 차를 타고 구불구불 산길을 내려왔다. 참았던 눈물을 핑핑 쏟아내며.

| 모닥불을 피우며 녹인 마음

똑똑….

"우리 다시 왔어. 우리가 지낸 방, 혹시 아직 비어있니?"

까무룩 잠이 들었다가 깨어났다며 활짝 웃는 그녀는 다시 봐서 반갑다 해준다. 그사이 침대 시트를 새것으로 바꿔놓았다. 그녀의 딸, 꼬맹이 아가씨도 우리 주위를 빙글빙글 돌며 남동생과 장난을 친다.

"오늘 밤엔 모닥불을 피워봐."

그녀가 성냥과 불 붙일 종이 몇 장을 건네준다. 지난밤에 내린 비 때문인지 장작에 불이 잘 옮겨 붙지 않았다. 뾰족뾰족 갈라진 장작을 몇 개 더 주워왔다. 마지막 종이 한 장이 남을 때까지 내 마음도 종이처럼

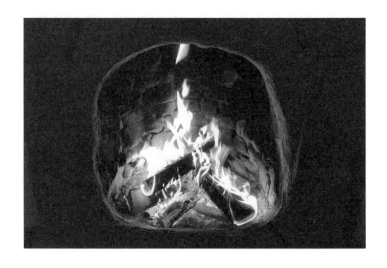

타 버리는 것 같았다. 성냥개비를 거의 다 써버렸을 때쯤 벽난로에서는 타닥타닥 소리가 나기 시작했다.

울어버려서 서먹했던 공기는 금세 따뜻한 입자로 촘촘히 채워졌다. 불이 꺼질세라 장작을 날랐다. 방안을 가득 채우는 음악이 있다면 좋을 거란 생각이 든다. 드뷔시의 '달빛'이면 더욱 좋겠다.

장작이 타는 동안, 밤이 깊어가는 동안 기분은 나아졌고, 조금 열린 창틈으로 불어오는 가을바람은 그리움을 데리고 왔고, 그래서 더 로맨틱한 밤이 그렇게 깊어가고 있었다.

# 메스티아 마을 산책

산책은 여행의 일부였다. 자주 걸었지만 조금은 느렸고, 멀리 걸었지만 가끔은 돌아가는 날도 있었다. 산책하는 시간이 누적될수록 여행의 질감을 느끼는 일에 익숙해졌던 것 같다. '지금' 내게 주어진 시간에 감사한다. 오감이 파르르 진동한다. '여행은 몸으로 읽는 텍스트'라는 김영하 작가의 말에 공감하며 걸었다.

## | 얼굴보다 커다란 1라리짜리 빵

조지아 여행 중에 쉽게 만나는 자그마한 빵집들은 대부분 이름도 없다. 'Puri'라고 써놓은 작은 나무판자를 얇은 줄로 매달아 두는데, 이는 '빵'이라는 뜻이다. 공간의 반을 차지하는 커다란 화덕은 부지런한 주인 덕에 식을 틈이 없어 보인다. 토네라는 이름을 가진 조지아 전통 화덕은 숯에 불을 붙여 쇳덩이로 온도를 조절한다. 요즘에는 이를 가스나 전기로 활용하는 경우가 많다고 하지만, 맛에는 크게 변함이 없는 듯하다. 화덕 안쪽에 탁 붙여놓았던 길쭉한 반죽이 부풀어 오르면서 납작한 조랑박 모양의 빵이 만들어진다. 집에서 만든 빵이라는 뜻을 가진 쇼

티스 푸리შოთის პური는 '엄마의 빵'이라는 의미를 담고 있기도 하다.

갓 구워진 빵을 손으로 뜯으면 빵이 쭈욱 늘어난다. 겉은 바삭하고 속은 촉촉한 빵의 참모습을 맛보게 된다. 한동안 빵을 잘 먹지 않고 지냈었는데 조지아 화덕 빵인 '쇼티'에 반해 버리고 말았다. 양이 많아 다 먹지 못하지만, 식으면 식은 채로 쫄깃함은 살아있다. 산책하다 만난 개들에게 촉촉한 부분을 나눠 주는 것도 좋겠다. 바스락거리는 싸구려 비닐봉지에 담긴 빵을 오물오물 씹으며 걷는 오후, 오늘 저녁에는 밥을 먹지 않아도 배가 부를 것 같다.

## | 카리스마 넘치는 표 파는 아주머니

메스티아 마을의 세티Seti 광장은 관광객과 주민들이 하루에도 몇 번씩 다니는 중심 광장이다. 인포메이션 센터가 있고, 근처에 인기 식당들이 많다는 이유도 있지만 마슈로카가 출발하고 도착하는 터미널 역할을 하고 있기 때문이다. 단, 교통수단을 예약하는 과정인 표를 사고파는 과정이 임의로 행해질 뿐이다.

걷는 중에 만나는 택시운전사들은 호객 행위를 게을리하지 않는다. 택시기사와 직접 계약이 성사되기도 하지만, 표를 구입해야 하는 경우도 있다. 작은 종이쪽지에 알아볼 수 없는 글씨로 적혀 있어도 효력은 발생한다. 다음날 우쉬굴리에 갈 생각이었기에 미리 차량 예약을 했다. 숏커트 헤어스타일의 표 파는 아주머니에게서 카리스마가 뿜어져 나온다. 표를 내어주고는 장부에도 수기 작성을 하는 꼼꼼함을 보여주신다. 기사분들이 어디서 왔냐고 물었고, 한국이라 하니 환호해 주었고, 최근에 늘어난 한국인 관광객들로부터 받은 인상이 좋았다 하여 괜히 기분이 좋아졌다.

이상하지, 여행 중에 깊어지는 나라 사랑. 메스티아에서의 첫날은 이들 덕분에 마음이 말랑말랑해졌다. 온기를 잃지 않은 빵처럼 마음이

따스했다. 어슬렁어슬렁 광장을 지나가던 소 한 마리가 나를 보고 말을 건네는 것만 같다.

걷다가 만나는 알록달록 과일가게와 슈퍼마켓을 그냥 지나치지 않았다. 유난히 보랏빛이 진한 조지아의 자두에 자꾸 손이 갔는데, 가격이 너무 저렴해서 미안할 정도였다. 다음날 아침으로 먹을 바나나를 사려는데 송이가 너무 커서 고민하고 있으니, 두 개만 똑 떼어주었다. 비가 오는 날 저녁에 과일가게를 한 번 더 찾았다.

메스티아에는 구멍가게라 불릴만한 슈퍼마켓이 몇 군데 있어 물이나 맥주, 간단한 간식거리 등을 쉽게 살 수 있다. 관광객들 사이에서 가장 저렴하다고 소문난 조금 큰 슈퍼마켓을 하나 제외하고는 대부분 한가했다. 산책을 멀리 나온 날엔 숙소에서 마시려고 아무데서나 맥주를 샀다. 시골이라 그런지 조지아 브랜드의 캔맥주는 도통 보이질 않고, 병맥주뿐이다.

비가 많이 내린 날이었다. 트레킹에서 돌아오니 숙소에서 가까운 레스토랑은 대부분 만석이다. 우비를 입고 서너 군데 레스토랑을 찾았다가 그만 포기하고 컵라면을 사먹어 보기로 했다. 라면은 러시아에서 수입한 종류밖에 없다. 우리나라의 네모난 컵라면과 비슷하지만, 매운맛은 하나도 안 나고 심심하기만 하다. 시그나기에서 먹었던 빵빠레 모양의 아이스크림은 찾아볼 수 없었다. 맥주 맛도 심심하게 느껴지는 저녁이었다.

매일매일 뾰족한 설산을 바라보며 등하교를 하고, 카페 문을 열고, 빵을 만드는 이들의 마음은 파란색이거나 하얀색일 것만 같다. 그들의 얼굴은 마알간 해를 닮아 점점 둥그렇게 변할지도 모른다.

# 코룰디 호수에 빠진 코카서스
## (Koruldi Lakes, ქორულდის ტბები)

하늘과 가까워질수록 구름은 빠르게 흘러갔다. 작열하는 해는 구름 앞에서 잠시 속수무책이 되고 만다. 다시 해가 빛나자 호수는 반짝거렸다. 호숫가를 얼마나 걸었는지 모른다. 발등에 쏟아지는 햇살은 뾰족하지만 따스했다.

코룰디 호수는 메스티아 지역 코카서스 산맥에 있는 작은 호수이다. 조지아 여행에서 단연 최고라고 할 수 있는 트레킹코스로 인기가 많다.

'으응? 이게 정말 코룰디 호수라고? 연못 아냐?'

코룰디 호수를 보고 아쉬웠다는 이야기를 적잖이 읽었다. 생각보다 작은 크기라 '호수'라 부르기엔 실망스러웠다는 것이다. 게다가 날씨라도 흐리다면 호수에 비친 반영을 볼 수 없었을 테니 그 마음도 이해가 간다. 흐린 날씨 때문에 카즈베기에서 받은 감흥이 반감된 나의 경험과 비슷하겠지. 오늘 날씨 요정은 내 편이었다. 나에게는 아름답기 그지없는 천국 같은 곳이었다.

호수에서 조금 더 걸어 올라가면 구름보다 더 높은 곳에서 몸을 휘감는 바람을 맞게 된다. 만년설이 뒤덮은 설산 봉우리와 한 번쯤 꼭 손에

쥐어보고 싶은 하얀 구름이 뒤엉켜있다. 구름이 이렇게 새하얗고 예쁘구나. 하늘은 이렇게 새파랗고 높구나. 지금은 나도 하늘만큼 높이 서 있다. 까마득한 아랫마을 사람들이 간혹 올려다보는 하늘 위에도 이렇게 다른 세상이 존재하고 있었다.

사실 이곳에 오기 위한 목적이 코룰디 호수는 아닐 것이다. 코카서스 산맥의 산 하나하나에 이름이 붙어있지 않는 이상, 이곳을 설명할 하나의 표식 같은 것이겠다. 코룰디 호수까지 직접 걸어 올라오는 동안 만나는 풍경에 감탄하고, 그 자랑스러운 과정이 여행의 한 페이지를 장식하기 때문이겠다.

평화로운 시간이 구름처럼 흘러간다. 아침 일찍 출발했던 덕분에 호수를 독차지하고 있었다. 시간이 얼마나 흘렀는지 가늠하기 어려웠다. 사람들이 하나 둘 호숫가에 모이기 시작한다. 말을 타고 올라온 사람도 있다. 사람들이 말의 나라에 도착해서 사진을 찍는 동안 말도 휴식을 취한다.

말의 주인에게 다가가 보았다. 언덕 위에 두 팔을 베개 삼아 누워있는 그의 옆에 나도 누워보고 싶었다. 나의 부족한 조지아어도 10일이 지나자 더욱 뻔뻔해졌다. 그는 웃었고, 마침내는 나에게 (공짜로) 말을 타보겠느냐 물었다.

풀을 뜯고 있던 말 한 마리를 끌고 오려는 그에게 우리가 남긴 사진이면 충분하다 말했다. 풀 뜯어먹다 말고 온 배고픈 말이 나를 차 버리면 어떡해. 식사 중인 말을 방해하고 싶지는 않았다. 한국에서 가져

온 초콜릿을 그에게도 주었다. 그에게도 달콤한 것이 필요한 오후였을 것이다.

메스티아 마을에서 코룰디 호수까지는 약 10km이다. 트레킹 여행을 목적으로 하는 배낭여행객들은 마을에서부터 걸어 올라가는 여정을 택하기도 하지만, 대부분은 중간 지점에 있는 '십자가 전망대'부터 트레킹을 시작한다. 여행자끼리 셰어 택시Taxi Sharing를 이용하기도 한다. 택시기사들은 대부분 빈자리가 있는 경우에 한해 중간 중간 차를 세워 트레킹 하는 사람들을 태운다. 일부 금액을 지불하기도 하지만, 이런 경우 대부분은 히치하이킹Hitchhiking처럼 무료 탑승이다.

십자가 전망대부터 코룰디 호수까지 트레킹 시간은 약 1시간 30분

정도를 예상한다. 하지만 하늘에 맞닿은 설산을 바라보며 '그저' 걷기만 하는 건 가당치도 않은 일. 중간 중간 멈춰 서서 하늘과 산을 바라보다가 자꾸만 카메라를 꺼내 들 수밖에 없다.

뭇사람들은 메스티아 코룰디 호수 트레킹 코스가 유럽의 그 어느 곳에 견주어지지 않는다고 한다. '리틀 스위스'라는 별명도 붙었다. 하지만 조지아와 사랑에 빠진 선구자격 여행자들은 조지아를 '리틀 스위스'라 부르는 것을 거부하기도 한다. 조지아는 조지아만의 매력으로 충분하다는 이유 때문이다. 자연이 아름다운 곳은 다 비슷할 것 같지만 조금씩 다 다른 게 사실이다. 조지아는 조지아이다.

내게 코룰디 호수는 '내가 겪은 트레킹 코스 중에 최고'라고 할 수는 없었다. 작년 노르웨이 트롤퉁가 트레킹과 비교해볼 때 그랬다. 여행자마다 걸어온 길이 다르고, 좋아하는 길의 결은 다르기 때문이다. 어떤 이에게는 산티아고 순례길이 가장 좋을 것이고, 어떤 이에게는 미국을 횡단하는 길이 좋을 것이다. 계절과 날씨가 주는 영향도 무시할 수 없겠다. 그렇다고 실망했냐고 묻는다면 절대 아니다. 드넓고 고요한 대지에 이토록 아름다운 구름 그림자가 드리우는 곳은 또 없을 것이라 확신한다. 은밀하게 다정한 사람들의 평화로움 역시 오래오래 잊지 못할 소중한 감정이었다. 살면서 새삼 행복했다고 깨닫는 시간이 오래도록 이어질 거라 믿는다.

- 메스티아 마을 광장 → 십자가 전망대 : 약 ₾80~100 ÷ 탑승 인원수

- 메스티아 마을 광장 → 코룰디 호수 : 약 ₾150~200 ÷ 탑승 인원수

- 마을에서부터 코룰디 호수 왕복 트레킹 : 7-8시간

- 십자가에서 왕복 트레킹 : 4시간

- 코룰디 호수 : 해발 2,740m

조지아를 찾는 여행객들이 늘었단다. 유럽의 아름다운 자연 풍광에 더해진 저렴한 물가가 가장 큰 이유인가 보다.

나에게 조지아는 사람과 음식으로 기억되는 여행지가 되었다. 어느 여행 잡지가 뽑은 '음식이 맛있는 여행지 Top 10'에는 조지아가 없다. 베트남, 이탈리아, 그리스, 태국, 스페인, 프랑스, 멕시코에 이어 이웃나라 일본까지 리스트에 올라왔다. 입 짧은 나로서는 위에 언급한 여행지에서조차 맛집에 이끌린 경험이 없다. 그렇다고 그들의 음식이 맛없다는 말은 당연히 아니다.

조지아에서만큼은 맛집 기행도 마다하지 않는 (내게는 기적 같은) 일을 매일 했다는 것이다.

## | 카페 라일라(Cafe Laila, კაფე ლაილა)

전 세계 여행자들이 기증한 지폐가 카페 라일라의 한쪽 벽면을 채우고 있다. 약 2,000명이 살고 있는 작은 산골마을을 찾는 사람들이 이렇게나 다양하다는 건 분명 자랑스러운 일일 것이다.

그 때문일까? 다 좋은데 불친절하다는 후기가 적잖이 올라온다. 특히 한국인들이 남긴 후기가 그리 좋지 않았다. '딴 데 갈까?' 하고 잠시 생각했지만, 그럼에도 이끌리고 마는 메스티아의 대통령 격 레스토랑이다. 직접 경험해보고 싶은 매력이 넘치는 곳 말이다.

이른 저녁시간인데 손님이 많다. 아무 테이블에 앉았는데 '7'이라고 적힌 종이쪽지가 올려져 있다.

"이 테이블은 7시에 예약이 있어. 그전까지 다 먹을 수 있으면 주문할래?"

뒤늦게 다가온 종업원이 말했다. 저녁시간에는 라이브 공연이 있어 예약이 필수란다. 손님에게 즉각적인 응대를 기대하기 어려운 시스템 때문에 사람들은 불친절하다는 느낌을 받았을 것 같다. 내가 경험한 그들은 잘 웃었다. 친절함에 대한 체감도 괜찮았다. 결국 주문한 것 중에 샐러드는 끝까지 나오지 않았지만.

조지아 사람들이 즐겨먹는 레모네이드를 주문했다. 콜라를 자주 마시는 사람들이 있는 것처럼 이들은 병 레모네이드를 즐겨 마신다. 트빌리시에서는 홈메이드 레모네이드를 파는 곳이 많았는데, 메스티아에는 대부분 제조된 것을 팔고 있었다.

조지아 맥주 브랜드 중 하나인 나타크타리 맥주도 주문했다. 나는 다른 브랜드를 선호하지만, 여기에는 한 종류의 맥주만 팔고 있었다. 대부분 와인을 마시기 때문이지 않을까?

메스티아가 포함된 지역 즉, 스반Svan 지역의 전통음식인 쿠브다리Kubdari를 먼저 주문했다. 조지아 친구가 "메스티아에 가면 쿠브다리는 꼭 먹어보라."고 신신당부한 것을 기억해냈다. 우쉬굴리에서 먹었던 하차푸리Khachapuri는 치즈가 쭉쭉 늘어나는 치즈 피자인 것에 비해, 쿠브다리는 바짝 구운 빈대떡 같은 빵 사이에 소고기 조각을 가득 담고 있다. 너무 두꺼워서 빵 부분은 남길 수밖에 없었다.

오차쿠리Ojakhuri 역시 빼놓을 수 없는 조지아 대표 음식 중 하나이다. 돼지고기와 양파 등을 화이트 와인과 함께 숙성시켰다가 감자와 함께 요리한다. 우리나라 돼지갈비찜과 비슷한 느낌? 아쉽게도 카페 라일라에서는 매우 질긴 고기가 나와 실패한 것 같다. 다음 식당에서

다시 맛보기로 한다.

- Kubdari : ₾8
- Ojakhuri : ₾12
- Georgian Lemonade : ₾2.5
- Natakhtari Beer : ₾4

## Cafe Laila

: 9AM - 12AM

: +995 577 57 76 77

: facebook.com/cafebarLaila.official

: 3200 Mestia (6,888.44 km) Seti Square 7

| 카페 부바(Cafe-Bar BUBA, კაფე-ბარი ბუბა)

밤에 보면 바Bar 느낌이 더 강한 카페 부바는 젊은 부부가 함께 운영한다. 우리가 식사를 하는 도중에 여자가 아이를 데리고 왔고, 곧이어 남자가 아이를 안고 산책을 떠났다. 여행 중에 발견한 그들의 평범한 일상은 다정했다. 별다른 말없이 따뜻한 눈빛만으로 하루는 착착 흘러가고 있었다.

카페 라일라에서는 12라리였던 오차쿠리가 여기서는 8라리란다. 어제 실패한 것에 비해 월등히 맛있기까지 하다. 바삭하게 익힌 감자와 구운 야채가 부드럽게 익은 돼지고기와 잘 어우러져 있다.

함께 시킨 그릭 샐러드Greek Salad는 토마토 샐러드만큼이나 조지아

사람들이 즐겨 먹는 샐러드 중 하나이다. 조지안 샐러드Georgian Salad
와 다른 점은 숨죽은 상추 이파리가 많이 들어간다는 것. 시원한 맥주
와 함께 먹기에 더없이 좋은 안주가 된다.

　테라스에 있는 테이블 두 개 중 다른 한 자리를 차지한 여자 손님 두
명이 시간이 별로 없는데 피자가 언제 나오는 거냐며 재촉한다. 알고
보니 카페 부바는 음식 맛은 좋지만, 음식이 나오는 데 시간이 오래 걸
리는 것으로 평점이 깎인 곳이었다. 따로 일하는 사람을 두지 않고 부
부 두 사람이 일하다 보니 생긴 일인 것 같다. 우리가 들어올 때도 사람
들이 떠나간 실내 테이블 위에 빈 접시들이 그대로 남아있었다.

　시간에 쫓길 일이 없었으므로 나에게는 문제될 일이 아니었다. 음식
이 나오는 동안 먼저 나온 커피와 맥주를 마시며 일기를 썼다. 테라스
에서 한 발자국만 나서면 차와 사람이 다니는 큰길이다. 학교를 마친
학생들이 책가방을 메고 꺄르르 웃으며 지나갔고, 마슈로카 표를 파는

아주머니가 반대편에서 빨간 코트를 입고 총총걸음으로 빠르게 지나
갔다. 공사를 하는 트럭이 윙윙거리다 멈추었고, 어디선가 개 짖는 소
리가 가끔 들려올 뿐이었다. 이렇게 주변은 일상적인 소음으로만 가득
차 있었고, 만년설이 쌓인 하얀 산봉우리의 끄트머리가 하늘을 찌르고
있었다. 평화로운 오후였다.

---

- Greek Salad : ლ10

- Ojakuri : ლ8

- Draft Beer : ლ4

- Espresso : ლ4

---

## Cafe BUBA

: 11AM – 11AM

: facebook.com/vitali.mgebrishvili

: Queen Tamar 3, Mestia, Georgia

---

| 카페 란치발리(Cafe Lanchvali, ლანჩვალი კაფე)

메스티아 마을 중심 광장 세티에서 조금 떨어진 카페 란치발리는 하
늘과 더 가까운 곳에 있다. 가파른 경사에서 찾은 뷰 맛집이라 두 배는
더 맛있게 느껴졌는지도 모르겠다. 트립어드바이저 평점 5점을 만족

시키는 이곳에서는 무얼 먹으면 좋을까.

메스티아에서의 마지막 날이라 조지아식 토마토 샐러드를 주문하기로 한다. 다름 아닌 토마토와 오이와 약간의 소스만으로 맛을 낸 간단한 음식이다. 조지아의 어느 식당에서나 맛있게 먹을 수 있는 기본 메뉴이지만 특별히 더 맛있다고 하니까.

닭볶음탕의 색다른 버전인 시크메룰리Shkmeruli를 추가로 주문했다. 우리나라의 갈릭 크림소스 치킨과 비슷할까? 트빌리시에서 배고플 때 먹었던 닭볶음탕과 비슷한 듯하지만, 야채가 적고 닭가슴살 위주의 납작한 치킨이 주를 이룬다. 조지아에서는 다양한 요리법의 치킨요리를 적잖이 맛볼 수 있다. '치킨'이니까 그럭저럭 다 맛있을 수밖에!

야외 테이블에서 식사를 하는데, 아기고양이 한 마리가 다가와서 계속 야옹하고 울어댄다. 조지아에서는 길에 사는 개와 고양이가 많아

이렇게 여행객들 발밑에 자리 잡고 떠나지 않는 경우가 많다. 밥을 한 번 나눠주면 절대 떠나지 않고 계속 달라고 무릎에 올라와 앉을 기세다. 밥을 주지 않으면 끈질기게 야옹야옹한다.

치킨 조각의 부드러운 부분을 조금 나누어 주었다가 야옹이 배가 아플까봐 그만두었다. 밥 먹는 내내 야옹이 울음소리와 함께였다.

---

- Shkmeruli : ₾15

- Georgian Salad : ₾6.5

- Lemonade : ₾2.5

- Draft Beer : ₾5

---

### Cafe Lanchvali

: 10AM - 10PM

: +995 591 71 11 81

: facebook.com/cafelanchvali

: Georgia, Lanchvali St. 8 Mestia 3200

---

| 올드하우스 카페(The Old House Cafe)

우연히 찾은 마법 동굴 같은 곳이었다. 위에서 소개한 카페 란치발리로 올라가는 길에서 발견했을 때는 문이 굳게 닫혀 있었다. 다시 내

려오는 길에는 고개를 숙여야 들어갈 수 있는 높이의 철문이 반쯤 열려 있었다. 빛이 새어 들어가고 있었다. '어떤 곳일까.' 생각만 하고 그냥 지나쳤다가 몇 발자국 지나지 않아 되돌아왔다.

　되돌아오길 너무 잘했다. 보석처럼 발견한 '올드하우스 카페'에 발걸음을 들여놓는 순간 들려오는 잔잔하고도 웅장한 음악에 전율이 흘렀다. 실내조명이 지나치게 어둡다는 생각도 들었지만, 양쪽으로 난 문으로 들어오는 세찬 빛줄기만으로도 충분했다. 젊은 여직원은 책을 읽고 있었다. 피어싱과 짙은 화장 때문에 도도해보이기도 했지만, 환하게 웃는 모습에서 착한 매력을 동시에 풍겼다. 그녀가 음악을 선곡했을까? 자유롭게 방치된 낡고 커다란 농장 창고 같은 이 공간에 그녀의

음악이 스며들자 마침내 모든 것이 완벽해졌다.

커다란 창고 공간은 더할 나위없는 인테리어 공간이 되었다. 실내에는 테이블이 없었고, 역시나 고개를 숙이고 나가면 나오는 발코니에 서너 개의 나무 테이블이 있을 뿐이다. 카페 발코니의 커다란 통나무 프레임을 통해 바라보는 바깥세상은 마치 다른 세상처럼 아름다웠다. 마을을 감싸고 있는 푸른 산이 눈앞에 펼쳐져 있고, 막대사탕처럼 알알이 꽂혀있는 푸른 나무들은 바람이 불 때마다 나뭇잎을 흔들고 있다. 그림처럼 선명한 나무와 산과 하늘같은 자연을 바라보며 마음이 한결 가벼워진다. 도도한 매력의 그녀가 만들었다는 홈메이드 와인을 음미했다. 그리고 지금의 장면을 눈에 담았다. 비스듬히 내리쬐는 햇살에 온몸이 잠긴다. 하늘이 은빛으로 변하는 것만 같았고, 그래서 잠시 눈을 감았다. 시간이 조금만 느리게 흘러가길 바라는 마음이었다.

* The Old House Cafe는 게스트하우스와 식당과 와인바를 함께 운영한다. 카페만

이용했을 때 만족감이 높다는 후기가 많다. 운영하던 페이스북 페이지는 일시정지 상태이고, 낮에만 운영한다.

---

- Homemade Georgian Wine : ₾5
- Georgian Tea : ₾3.5

---

## The Old House Cafe

: +995 551 80 90 90

: Mestia Lanchvali st. 1, Mestia 384750, Georgia

---

| 카페 에르티카바(Cafe ERTIKAVA)

선선한 바람이 불면 종소리가 날 것만 같다. 종이컵끼리 부딪히는 둔탁한 소리가 아니냐 할 사람은 아무도 없다. 타박타박 걷는 걸음소리마저 사랑하고야 마는 여행자에게는 유치함도 사랑스러워지기 마련이니까.

'Cafe ERTIKAVA'가 특별한 이유는 맛있는 커피에 있다. 한국에서야 커피 맛도 좋고 인테리어도 예쁜 카페투어를 취미로 즐기기도 하지만, 조지아에서는 맛있는 커피를 찾기가 힘든 편이다. 터키 옆 나라라 그런지, 새까만 커피를 마시고 나면 잔의 밑바닥에 커피 가루가 가득 남는 터키식 커피가 대부분이다. 흔히 말하는 그 조지아 커피가 이

조지아 커피가 아니었던 것이다. 조지아에서 여행하는 동안 그 흔한 카페라테를 맛보기 힘들었는데, 이 카페에서는 그리움 한 조각이 충족된다.

커피 러버Coffee Lover가 아닌 나 같은 사람도 오랜 시간 맛있는 커피를 마시지 못하자 그리움이 짙어졌다. 다른 카페에 비해 확연히 높은 가격이었지만, 사실 그 가격이 보통 우리가 마시던 커피 가격이었다. 메스티아 마을의 세티 광장에서 가까운 이곳은 장기 여행자들에게도 인기 코스. 여행 중 호사를 누려보고 싶은 날 들러보길 추천한다.

- Flat White : ₾8

- Caffee Latte : ₾8

## Cafe ERTIKAVA

: 8AM – 9PM

: +995 551 19 44 33

: facebook.com/ERTIKAVA

: Seti square, 25 Mestia, 3200, Georgia

메스티아 → 주그디디

→ 트빌리시 야간열차

메스티아에서의 3박 4일이 지났다. 다시 트빌리시로 돌아갈 시간. 올 때와 반대 코스를 밟는다. 주그디디 야간열차를 타려는 사람들이 메스티아 광장에서 마슈로카를 타고 주그디디 역으로 속속 도착한다.

조지아를 여행하면서 쉽지 않은 일 중 하나가 바로 '이동'이다. 마슈로카를 타고 저녁에 달리는 3시간이 그리 유쾌하지만은 않다. 가로등이 제대로 설치되어 있지 않은 비포장도로 옆이 낭떠러지인 곳이 많아 차라리 이어폰을 꽂고 눈을 감고 가는 게 마음이 편하다. 어차피 해가 지면 어두워서 아무것도 보이지 않고 돌아가는 길 위의 여행자들은 말수가 줄어있다. 마슈로카는 예상시간보다 조금 더 일찍 역에 도착했다. 기차시간까지 약 한 시간가량이 남은 시간이었다.

귀여운 이름을 가진 '주그디디' 기차역은 더럽기로(?) 악명이 높다. 특히 화장실을 이용했던 여행객들 후기가 적나라해서 기차 타기 전 수분 섭취가 두려울 정도였다. 야간열차 내의 화장실은 더 더럽지만, 기차역 화장실은 더하다는 것이다. 어쩜담. 9시간 기차여행을 떠나기 전 어떻게 해서든 화장실 문제를 해결해야 했다. 지레 겁을 먹은 나는 기

차역에서 점점 더 멀리 걸어가며 다른 건물 화장실을 찾고 있었다.

'휴우~'

큰길을 따라 걸어온 지 얼마 되지 않아 제법 큰 규모의 마트를 발견했다. 밤 9시가 넘은 시각에 역 주변을 탐색하는 사람은 많지 않았던 모양이다. 꿀팁이 하나 추가되었다. 마트에서 화장실을 이용하고 기념품을 대신할 만한 간식거리를 샀다.

야간열차는 주간열차보다 훨씬 낡아 보인다. 기차 외형만 봤을 때는 9시간 운행이 가능할까 싶을 정도로 상태가 좋지 않았다. 이번에도 1, 2번 칸에 올라탔다. 야간열차는 여닫을 수 있는 작은 룸 안에 누워서 갈 수 있도록 긴 의자와 탁자가 있다. 말이 1등석이지 많이 부족한 편이다. 그래도 괜찮았다. 아무것도 하지 않고 빨리 잠이 들어야겠다고 반복하여 생각했다. 다짐이라는 말이 더 어울리겠다. 잠자리가 불편하고 어디선가 쾌쾌한 냄새도 나는 듯하여 잠들지 못할까 봐 한 걱정은 괜한 것이었다. 밤 10시부터 다음날 새벽 6시 30분까지 깨지 않고 '잘' 자고 일어났으니. 간헐적으로 들려오던 기차 레일의 철컹거리는 소리가 희미하게 귓가에 남아있을 뿐이었다.

주그디디 야간열차의 기억은 생각보다 평범하게 새겨졌다. 밤공기는 적당히 낭만적이었고, 빨간 소파의자는 적당히 드라마틱했으며.

*

왕복 야간열차를 이용하는 여행객들이 많지만 주간열차 경험도 괜찮다. 주간열차 이용 시 역방향과 정방향 자리가 정해져 있으니 예약시 확인 필요 (홈페이지에서는 좌석 지정 불가, 트빌리시 역 직접 예매 시 좌석 지정 가능)

*

메스티아에서 마지막 마슈로카로 주그디디 역에 도착하면 역 주변 작은 스낵바(레스토랑)가 대부분 꽉 차 있다. 열차 출발 1시간 전까지 시간 때울 곳이 필요하기 때문이다. 큰길 쪽으로 조금만 더 걸어 나오면 큰 마트가 있으니 화장실과 쇼핑을 둘 다 해결하면 되겠다.

- 주간열차 1인 : 16라리
- 야간열차 1인 (1등석/2인실) : 35라리
- 주그디디 - 메스티아 마슈로카 1인 : 20라리

# 6. 다시 트빌리시

여행 기념품 좋아하세요?
결국은 사람

9월의 트빌리시는 완벽했다. 초가을 따스한 햇살이 발길 닿는 곳곳에 뻗어있었다. 고요하고 길었다. 불어오는 바람이 몸을 스칠 때 다른 것들은 다 잊고 말았다. 지금 이곳에 내가 있다는 사실만으로 괜찮았다. 낯설지만 안락한 기분을 꼭 붙잡고 걸었다.

조지아의 수도 트빌리시에서 걷는 재미는 유럽의 소도시 골목 여행과 견주어지지 않는다. '올드 트빌리시'에서만 볼 수 있는 다 쓰러져 가는 집들, 오래된 벽면에 톡 튀어나온 발코니의 앤틱함은 아름답기가 말로 표현하기 어렵다. 오래되고 낡을수록 탐나는 것들은 여기에 다 모여 있는 것만 같다.

'갈색의 낡은 도시에 초록색 나뭇잎들이 이렇게 잘 어울리는구나.'

빛이 강한 오후에 그림자까지 더해지면 한 폭의 그림이 따로 없다. 그러나 이 그림을 더욱 완벽하게 해주는 것들은 따로 있었다.

| 모자 할머니

길을 걷다 눈을 마주치는 사람들에게 나는 무조건 "가마르조바

(გამარჯობა, 안녕하세요!)" 하고 인사하곤 했는데, 환한 미소가 선물처럼 되돌아오곤 했다. 모자 할머니도 그중 한 분이다. 하얗게 센 머리를 가지런히 하나로 묶은 할머니는 자유광장으로 가는 길목에 항상 앉아 계셨다. 할머니가 직접 만드셨다는 조지아 전통 모자를 하나 구입했다. 구겨져도 모자 모양이 복원되는 재질의 모자와 풀을 먹인 듯 단단한 모양을 그대로 유지하는 모자의 차이점에 대한 설명을 열심히 해주신다. 조지아어로 말씀하셨지만, 손 모양과 모자의 생김새로 대충 알아차렸다.

함께 사진을 찍기로 했다. 할머니 옆에 나란히 서고 싶은데, 사방이 막힌 작은 공간으로 들어갈 방도가 없어 보이는 거다.

"으응?! 어떻게 들어가신 거예요?"

할머니의 무뚝뚝한 표정을 무장해제
시킨 순간이었다. 내가 지어 보인 신기
해 죽겠는 표정을 보고, 껄껄 웃던 할머
니의 웃음소리가 아직도 귓가에 생생하
다. 우리의 웃음소리가 커지니까 가게 안쪽에 있던 주인아저씨가 밖으
로 나왔다. 할머니의 아들인 것 같았다. 다 같이 웃었다. 웃으니까 눈이
보이지 않던 할머니는 급기야 엄지를 척 들어 올려 주셨다.

| 손뜨개 자매

조지아에서는 도시마다 골목마다 핸드메이드 제품들이 거리를 장식
하고 있다. 그중 가장 눈에 띄는 것은 직접 뜨개질하거나 수를 놓은 패
브릭 제품이다. 앙증맞은 코스터와 쿠션 커버, 그리고 다양한 크기의
러그가 뽐내고 있는 알록달록한 색감이 도시에 생기를 더한다.

'나도 어쩔 수 없는 여자인가 봐.'

여행을 다니며 수집하는 아이템이 하나 더 늘었다. 패브릭 제품들
이 눈에 들어오기 시작한 것이다. 어렸을 때 엄마가 거실에 깔아 두었
던 카펫이나 부엌 작은 창문에 달려있던 하얀 커튼 같은 것들이 이제
야 아른아른 생각이 난다. 마음 같아서는 커다랗고 두터운 러그를 하
나씩 사 모으고 싶지만, 상대적으로 크기가 작은 것들로 타협할 수밖

에 없다.

너른 마당에 깔린 러그를 바라만 보다가 갈 생각이었는데, "전부 핸드메이드예요!" 하는 그녀들의 말에 이끌려 몇 가지를 사고 말았다. 공장에서 찍어낸 것과 손으로 만든 것은 눈에 띄는 차이가 있었다. 차라리 비교하지 말걸. 장삿속인 걸 뻔히 알지만 직접 만드느라 오래 걸렸고, 힘들었고, 그래서 예쁘지 않니? 같은 말을 듣다보면 어느새 나의 손은 지갑을 열고 있다. 집에 돌아오면 '하나 더 사올 걸.' 하는 마음이 드는 건 매번 똑같다.

나무 아래 그늘에서 체스를 두던 아저씨들과는 끝내 인사를 하지 못한 아쉬움에 두어 번 더 뒤를 돌아보았다. 마음이 러그밭에 가 있던 탓이다. 천천히 흐르는 구름은 해를 지나며 빛 장난을 치고 있었다.

| 액세서리 레이디

평소에는 액세서리에 관심이 없는 편이지만 이번에는 조금 달랐

다. 조지아라는 생소한 나라에서는 '착한(?)' 사람들이 길거리에서 물건을 팔고 있는 경우가 많다. '착하다'의 기준이 무엇인지 말할 수 없지만, 그냥 지나칠 수 없게 만드는 선한 눈빛에서 그런 걸 읽었다.

예쁜 카페가 줄지어 있는 골목이 끝나는 지점에서 그녀를 만났다. 막 해가 질 무렵이었다. 직접 만든 팔찌와 귀걸이라는데 예쁘기도 하지만 가격이 저렴하다. 가을이니까 가을 색깔 팔찌를 골랐다. 그날 나는 마침 갈색 카디건을 걸치고 있었다. 내 손목에 팔찌를 채워주는 그녀의 손이 올차다.

'조금 더 비쌌으면 지나쳤으려나?' 생각하고 있는데, 그녀는 오히려 가격을 깎아 주었다. 그녀의 따뜻한 미소까지 함께 구입한 셈이었다.

## | 보스가 무서운 그녀

무작정 걷다가 낯선 거리를 만났다. 고급 레스토랑이 몇 개 모여 있는 갈라크션 타비제 거리Galaktion Tabidze Street는 올드 트빌리시와는 약간 동떨어진 작은 골목이다. 유럽의 작은 골목의 느낌이 나기도 하는 곳이었다. 그 거리에 어울리지 않는 것 같은 하늘색 문의 빈티지 카페가 하나 있다. 그리고 그 옆에는 9번지 문패가 크게 달린 기념품 가

게가 있었다. 내게는 참새 방앗간 같은 곳이다. 처음으로 들른 기념품 가게라서 물가 파악을 제대로 하지 못했던 나는 나중에서야 이곳이 조금 더 비쌌다는 걸 깨달았다. 여행 중에는 꼭 맘에 드는 것을 발견하면 일단 사기로 마음먹었기 때문에 후회는 없었다.

진짜 그랬다. 여기서 산 크베브리 항아리 모양의 자석은 다른데서는 전혀 찾지 못했다. 한 가지 아쉬운 게 있다면 첫 기념품 가게라 이것저 것 많이 사는 바람에 생각보다 총합의 가격이 많이 나왔다는 사실인 데, 그때 그녀는 절대 깎아주지 못한다고 했다. 이유는 글쎄, CCTV로 보스가 가게를 감시하고 있기 때문이란다.

메스티아 시골 어느 작은 가게에서도 이 말을 똑같이 들었다. 나도 나중에 여행카페를 열면 이 방법을 써먹어야겠다고 생각하니 슬며시 웃음이 났다. 꼬불꼬불 금발의 곱슬머리를 가진 그녀는 그럼에도 친절함을 잃지 않았고, 결국은 자석 하나를 몰래 끼워 주었다. 안된다고 했다가 다시 된다고 하는 이런 방식은 역시 효과가 두 배다. 1,000원짜리 자석을 하나 받고 신이 나서 방방 뛰는 나의 모습이란….

## | 드라이 브릿지 마켓, 매일 열리는 벼룩시장

올드 트빌리시 중심가에서 조금 떨어진 '드라이 브릿지Dry Bridge'에서는 꽤 큰 규모의 벼룩시장이 매일 열린다(11am-5pm). 반나절은 예상해야 전부 다 둘러볼까 말까 할 정도로 다양한 물건들이 많다. 우리나라 홍대 등에서 열리는 플리마켓Flea Market의 개념이 아니라 진짜 벼룩시장이기 때문이다. 나이든 할머니, 할아버지들이 오래도록 가지고 있던 물건들을 죄다 가지고 나와 돗자리에 펴놓는데, 아무짝에도 쓸모없어 보이는 물건들도 많다. 이를테면 고장 났을지도 모르는 충전기, 리모컨, 옛날식 헤드폰부터 CD나 디스켓 같은 이제는 쓰지 않을 컴퓨터 부품과 녹슨 나사나 못 같은 말도 안 되는 것들 말이다. 하지만 눈을 크게 뜨고 살펴보면 아날로그식 옛날 전화기나 전축, 영사기 등을 좋은 가격에 구입할 수도 있다. 레트로 인테리어에 활용하면 좋은 것들이다. 우리가 예상하는 모든 물건들이 다 있다고 보면 되는데, 특히 옛 소련과 관련된 물건들이 많다.

할머니는 자신이 모았던 보물들을 돗자리에 펴놓고 가격 흥정을 하고 있었다. 제법 예쁜 것들이 많다. 여행지에서 내가 사 모으는 기념품들도 언젠가 벼룩시장 한편에 놓일 운명이 될지도 모른다고 상상하니

슬퍼졌다. 나도 모르게 고개를 절레절레 흔들었다. 소중한 나의 물건들을 이렇게 싸게 팔 수는 없는 노릇인데, 어쩜담.

할머니의 작은 보석상자 두 개를 구입했다. 생각해보니 흥정도 않고 부르는 만큼 덥석 돈을 다 드리고 말았다. '나 같은 사람이 있어야 할머니도 물건 파는 재미가 있으시겠지?' 돌아가는 길에 만난 기념품 가게에서 똑같은 보석상자를 발견했는데, 가격이 두 배였다. 씨익 웃음이 났다. 여행지에서는 별거 아닌 일에, 얼마 되지도 않는 가격 차이에 울고 웃는 일이 자주 있다.

마켓 끝자락에 이르렀다. 그림 앞에서 한참을 서 있었다. 화가 아저씨가 다가와 자기소개글을 영어로 쓴 쪽지를 내민다. 때마침 내가 손에 들고 있는 그림은 그의 그림이었다. 내가 사랑하는 조지아식 만두를 먹고 있는 남자 세 명은 조지아 모자까지 쓰고 있어 맘에 쏙 들었다. 그림을 건네주며 보여준 그의 눈빛과 미소는 선한 예술가의 그것이었다.

이젠 진짜 집에 가려는데, 만두 자석 하나가 눈에 띈다. 조지아의 길거리에서 수없이 보게 되는 다른 만두 자석과는 차원이 다르다. 본인이 직접 만든 거라며 말하는 아저씨의 눈빛에 자신감이 넘친다. "정말?"이라고 괜히 되물으며 자석을 만지작거리는데 '이건 진짜 디테일이 살아있네?' 그는 지문까지 남기며 이토록 작은 크기의 만두를 빚는 데 성공한 것이다. 아저씨는 활짝 웃었다. 내가 만든 것을 누군가 알아봐주고 값을 쳐준다는 것은 감사와 기쁨이 뒤섞인 환희의 감정일 것이다.

많이 걷고 많이 보는 것만이 정답은 아닐 것이다.

한 곳에 가만히 앉아 불어오는 바람을 온전히 느끼는 하루도, 맛있는 것을 찾아다니며 맛보는 하루도, 미술관에 콕 박혀 보내는 하루도, 책을 읽거나 그림을 그리거나 사진을 찍는 하루도, 전부 소중하다. 알록달록한 색깔이 가득한 그곳에서는 특히 그랬다.

# 조지아의 힙한
## 카페들

오늘은 조지아에서 보내는 마지막 날이다. 카자흐스탄을 경유해서 한국으로 가는 밤 비행기를 타기 전까지 주어진 하루를 알차게 보내야지. 조지아의 서울, 트빌리시의 힙한 카페 투어를 계획했다. 조지아가 보여주는 자연의 광활함에 빠져 트빌리시라는 도시의 매력을 놓칠 수는 없으니까.

## | 카페 린빌(Cafe Linville)

화려한 무늬의 벽지가 둘러싸고 있는 '카페 린빌'은 백설공주 같은 동화 속 주인공들이 밤이 되면 들를 법한 그런 공간이다. 내 키만 한 높이의 스탠드 조명이 거꾸로 매달려 있는 모습이나 오래된 텔레비전을 비워 금붕어를 키우는 어항으로 사용하고 있는 등의 톡톡 튀는 독특함이 카페 소품 곳곳에 묻어 있었다. 오른쪽 방, 왼쪽 방, 발코니까지 다 둘러보느라 한참 정신을 빼앗겼다. 빨간 소파 테이블에 앉을까, 파랑천이 덮인 테이블에 앉을까, 같은 사소한 고민을 하는 데 시간을 조금 더 할애했다.

가을 햇살이 초록색 나뭇잎 마디마디를 비추고 있었다. 정오 무렵이었다. 일부러 찾아간 곳이라 지도에 의지했더니 입구를 한참 찾았다. 선명한 그림이 그려진 철문에 카페 이름이 적힌 것을 늦게 발견했다.

끼이익- 문을 열었더니, 바라보기만 해도 삐그덕 소리가 날 것 같은 나무계단이 높게 솟아 있다. 높이가 각기 다르게 느껴지는 계단 위로 한 발, 한 발 걸음을 옮겼다. 환한 카페 풍경을 마주했다. 마음이 금세 풍요로워졌다.

길게 구불거리는 금빛 머리카락을 가진 그녀가 다가온다. 메뉴를 건네받으며 공간이 예쁘다 말했더니 눈을 크게 뜨고 웃으며 고맙다 한다. 갈색 둥근 챙모자가 잘 어울렸다.

카페에서 직접 만들었다는 홈메이드 차차와 맥주, 아이스크림을 주문했다. 새하얀 바닐라 아이스크림에 호두가루가 뿌려져 있어 고소함이 더해진다. 생각보다 양이 많았던 아이스크림을 한 입 먹고 맥주를 한 모금 마셨다. 차차 한 모금을 마시고 아이스크림 한 입을 꿀꺽 삼켰다.

조금 벗겨지거나 낡은 벽면이 속살을 드러내고 있는 카페 모습이 전혀 이상하지 않다. 아무리 인테리어를 잘하는 사람이라도 세월의 흔적을 만들어낼 수는 없다고 했다. 자연스럽게 해진 소파와 벽지, 조금은 녹슬어버린 촛대를 지키는 일은 역시 멋진 일이다.

대여섯 명의 여행객 무리가 우르르 들어와 내가 먹고 있는 아이스크림을 보고는 맛있어 보인다며 똑같은 것을 주문했다.

---

- Ice cream with Nuts and Chocolate : ლ6.5
- Homemade ChaCha : ლ5
- Argo Beer : ლ5

---

## Cafe Linville

: 12PM - 2AM

: +995 32 293 36 51

: facebook.com/Linville.Cafe

: 11 Kote Afkhazi St, Tbilisi, Georgia

## | 카페 레일라(Cafe Leila)

'카페 레일라'는 트빌리시 시계탑에서 이어지는, 예쁜 카페가 서넛 모여 있는 골목길에서 1번 자리를 차지하고 있다. 3층짜리 아담한 건물을 덩굴식물 아이비가 무성하게 덮고 있는데, 마치 다른 세상으로 통할 것만 같고 그래서 더 아늑한 느낌이 든다.

"와아!" 하는 탄성을 내질렀다. 야외 테이블이 주는 특유의 서정적 느낌을 좋아하지만 실내 자리를 절대 포기할 수 없는 곳이다. 멋지고 아름답다는 생각밖에는 아무 생각도 들지 않는 마법 같은 공간이었다. 소비에트 연방 시절부터 자리를 지키고 있다는 카페 레일라는 이슬람 영향을 받은 듯한 화려한 천장과 몰딩이 전체 분위기를 장악하고 있었다. 벽면에는 페르시안 스타일의 재미있는 그림들이 가득하고, 크리스탈 조명이나 쿠션 같은 소품들도 하나하나 다 사랑스럽고 특별했다.

간단히 요기를 하려고 츠비쉬타리Chvishtari, ჭვიშტარი를 주문했다. 조지아의 전통음식 중 하나인데 언뜻 보기에 치즈 스틱과 비슷한 모양과 맛을 내고 있지만 옥수수 향과 맛도 진하게 더해져 있다. 크림 사워와 칠리소스에 찍어 먹으면 느끼함은 덜어주고 고소한 치즈맛과 바삭한 구이의 맛을 살려준다. 조지아에서 흔히 보는 나타크타리 맥주와 레드 와인 한 잔을 함께 마셨다. 턱수염이 덥수룩한 직원은 바쁘게 왔다 갔다 하는 와중에도 친절한 미소를 띠고 있었다.

이제 초가을로 들어서는 트빌리시의 서늘한 바람이 불어 들어왔고, 바람에는 도시의 소리와 냄새가 실려 있었다. 저물어가는 오늘 하루

도, 문을 열고 나섰을 때 몸을 감싼 박모의 시간도 내겐 행복이었다.

---

- Chvishtari(fried cheese and corn sticks) : ₾10

- Natakhtari Beer : ₾5.5

- Saperavi Red Wine : ₾6

---

### Cafe Leila

: 12PM - 11PM (월요일 휴무)

: +995 555 94 94 20

: 18 Ioane Shavteli St, Tbilisi, Georgia

---

| 카페 롤리타(Cafe Lolita)

이름부터 발랄한 '카페 롤리타'는 입구에서부터 클럽을 연상시킨다. 붉은 네온 광선 조명이 비추는 좁은 홀웨이를 지나오면, 경계선을 사이에 두고 마치 다른 세계로 발걸음을 내디딘 듯한 느낌이 들 것이다. 탁 트인 자연 속에 세련된 인테리어 소품들이 오묘하게 조화를 이루고 있다. 오픈 키친을 콘셉트로 한 어반 스타일 카페 롤리타는 조지아의 멋을 아는 젊은이들이 식사와 수다를 즐기러 찾는 곳이다.

오픈 키친의 규모가 꽤 큼에도 그 근처의 테이블은 이미 꽉 차있다. 그도 그럴 것이 대여섯 명의 요리사들이 모두 훈남이다. 예쁘고 멋지

게 차려입은 사람들이 유난히 눈에 많이 띄었다. 계단 세 칸 정도 올라간 높이에 작은 정원 같은 공간이 숨어 있다. 나무로 만든 의자와 테이블이 나무 아래서 손짓한다. 카페를 찾은 로컬 사람들 분위기를 한껏 느끼는 시간이었다. 단풍처럼 생긴 초록빛 나무 잎사귀들은 음악에 맞추어 바람에 흔들리고 있었다.

조지아를 떠나기 전, 카페 투어를 하는 날인만큼 배를 채우는 일은 없어야 했다. 맥주와 화이트 와인, 아쉬우니 아이스크림 한 스쿱이 함께 나오는 브라우니를 주문했다. 유명한 곳이라 그런지 다른 곳에 비해 가격이 약간 비싼 편이었지만, 개의치 않았다. 지금 이 순간에 집중하기로 한다. 바람 소리에 섞인 음악소리, 사람들의 다정한 소음과 길 건너 자동차의 경적, 너와 나의 대화만으로 충분히 행복하다 할 만

한 시간이었다.

- Browny with Ice cream : ₾15

- Argo Beer : ₾4

- Teliani Brut White Wine : ₾6

## Cafe Lolita

: 11AM – 1AM

: +995 32 202 02 99

: roomshotels.com/lolita

: 7, Tamar Chovelidze St, Tbilisi, Georgia

| 카페 스탐바(Cafe Stamba)

 '카페 스탐바'는 규모가 상당히 큰 카페 겸 레스토랑으로, '호텔 스탐바'에서 운영한다. 패션과 디자인에 관심이 많은 사람들은 꼭 가봐야 한다는 이곳은 항상 대기자가 있을 정도로 인기가 많다. 나 역시 예약을 하지 않고 갔다가 입구에서 한참 기다려야만 했다. 직원들이 아무리 많아도 각기 할 일이 많아서, 새로 온 손님을 신경 쓰기가 쉽지 않다. 조지아에도 간혹 인종차별이 있다는 말이 갑자기 생각나서 잠깐 오해를 할 뻔했다. 알고 보니 나뿐 아니라 끊임없이 쏟아져 들어오는 많은 손님들이 관심 밖에서 서성이며 자리가 나길 기다리고 있었다.

 호텔 레스토랑으로 운영하고 있다 보니 혼자 식사를 하는 사람들도 많다. 비즈니스 이야기를 나누는 듯한 사람들도 보이고, 지인이나 가족들과 캐주얼한 식사를 즐기러 온 사람들도 보인다.

 식사 후에 야외석에서 이어지는 정원 산책만으로도 마냥 기분이 좋아진다. 음료와 음식은 단연 훌륭하지만, 다른 곳보다 조금 비싼 편이다. 여행 중에 꼭 들러야 할 카페일지는 모르겠다. 하지만 바로 옆 건물인 디자인 호텔 스탐바의 로비는 꼭 한 번 둘러볼 만하다. 숙박을 하지 않는 방문객들에게도 로비 한편에 마련된 책 전시장을 오픈하고 있기 때문이다. 노스텔직하면서도 모던함이 공존하는 호텔 도서관에서 다양한 종류의 디자인 서적을 살펴보는 재미도 있지만, 빛과 어두움이 공존하는 공간에서 책과 함께 가만히 숨 쉬는 것만으로도 기분이 좋아진다.

- Ekla Waffle : ₾13

- Argo Beer : ₾5

- Pomegranate Vanilla : ₾9

## Cafe Stamba

: 8AM – 12AM

: +995 32 202 19 99

: stambahotel.com

: 14, 0108 Merab Kostava St, Tbilisi, Georgia

가까운 미래에 작은 여행카페를 열고 싶다는 소망을 품은 이후부터 여행지에서 카페를 찾는 일이 자연스러워졌다. 각 도시 특유의 감성을 품은 공간을 향한 동경과 열정이 커진 것이다. 지리적으로 주변 국가들의 영향을 많이 받았지만 결국 현재에 걸맞은 분위기를 찾은 조지아의 공간들은 충분히 아름다웠다.

# 선물 같은 사람들

조지아 사람들은 손님을 '신이 주신 선물'이라 여긴단다. 수줍거나 무뚝뚝하거나 밝거나 한 그들의 인사는 다른 종류일 뿐, 상냥한 마음은 한결같다.

알렉스는 프리우스를 운전하는 택시 운전사다. 그의 운전 실력과 친절함에 반해 장거리 운전을 다시 한 번 부탁했더니 웬걸, 막내아들을 데리고 왔다. 아빠가 운전하는 옆에 앉아 쫑알쫑알 대화하는 부자지간의 대화는 마침 내리는 빗소리에 섞여 여행길을 다정하게 만든다. 덕분에 나는 아홉 살짜리 조지아 초등학생과 인스타그램 친구가 되었다.

올드 트빌리시 곳곳에는 호객행위를 하는 사람들이 많다. 그중 한명의 이름도 알렉스였는데, 자유광장으로 올라가는 길목에서 자주 마주쳤기 때문에 이름을 기억하게 되었다. 세 번째쯤 마주쳤을 때부터는 서로 알아보고 인사를 했다. 가까운 도시 투어를 호객하는 그들은 광고지에 그들의 이름과 전화번호를 적어놓는다.

고르사갈리 광장에서 길을 건너가는 길에도 호객 행위는 여전하다.

고등학생인 것만 같은 학생들도 많이 활동한다. 주로 강에서 하는 보트 투어나, 주변 도시를 다녀오는 버스 투어를 위한 모객이었다. 무작정 길을 막으며 들이대는 게 아니라 '권유'의 제스처를 해보이기 때문에 그리 반감이 들지 않는다. 그렇게 하는 모객의 성공률이 과연 높은지는 잘 모르겠다.

좁은 골목을 살금살금 걷고 있는데 창가에 앉아 있는 아이와 눈이 마주쳤다. 누가 먼저랄 것도 없이 "안녕?" 인사를 나누었다. 아무것도 모르는 꼬맹이에게 "나는 한국에서 왔어." 말하고 떠나려던 참이었다.

"한국이라고요?!"

갑자기 벌떡 일어난 건 꼬맹이의 누나였다. BTS 팬이라 말하는 그녀의 양 볼이 발그레해진다. 함께 사진을 찍고 사진을 보내 달라며 페이스북 계정을 알려준다. 하핫. 다음 여행길부터는 ABC 초콜릿 대신 BTS 엽서라도 가지고 다녀야겠다.

| 중고 책방 청년

트빌리시에 도착한 날, 가장 처음 들른 곳은 중고 책방이었다. 자유

광장으로 산책이나 갈까 하던 길이었다. 'Books'라고 커다랗게 써 놓은 간판을 무작정 따라갔다. 좁고 어두운 골목 끝에 작은 책 세상이 나타났다. '들어가도 되는 건가?' 하는 마음을 알아달라는 듯 고개를 갸웃거리며 문턱 안으로 발을 옮겼다. 눈을 한 번 마주친 청년이 싱긋 웃어준 것 같았는데, 사실 그건 웃음인지 고개만 살짝 끄덕인 건지 알 수 없었다.

한두 명의 사람들이 책을 고르고 있었다. 검은 고양이가 재빠르게 발등을 스쳐갔다. 방에서 방으로 갈래갈래 이어지는 재미있는 구조의 책방이었다. 장마철에 비가 많이 내리면 눅눅한 책 냄새가 빵 냄새처럼 골목을 가득 채울 것 같다는 상상을 했다.

책방 안쪽의 한구석에서는 아빠를 기다리며 아이들이 장난을 치고 있었다. 고양이가 지나가자 장난을 멈춘 아이들은 내가 건넨 인사에 배시시 웃었다. 영어로 몇 마디 나누다가 초콜릿 몇 개를 선물로 주었다.

오래된 종이책에서 초콜릿 냄새가 나는 것만 같아 기분이 좋아졌다.

낡은 책으로만 가득 찼지만, 규모가 꽤 큰 편이었다. 『해리포터』 같은 세계명작은 물론, 디자인 서적과 조지아 역사책 같은 것들은 보존이 잘 되어 있었다. 방마다 기웃거리며 책장을 쏘아보고 있었다.

'무슨 책을 살까?'

청년은 영어를 할 줄 알았고, 그래서 주인아저씨는 내가 무얼 물을 때마다 청년을 불렀다. 아버지와 아들 사이인 것 같았다. 그 옆에 계신 분은 삼촌이 아닐까? 그들은 매우 조심스럽게 조용조용 대화를 이어나간다는 느낌을 받았는데, 아무렴 책방이었으니 그런 거겠다. 조지아어로 쓰인 『어린왕자』와 조지아에 사는 새 종류를 그린 그림책, 그리고 다른 여행자가 떠나며 팔고 간 『론리플래닛 가이드북』을 구입했다.

몇 년 전부터 여행을 갈 때마다 그 나라의 언어로 된 『어린왕자』를 수집하는 버릇이 생겼다. 계산을 마치고 떠나려는데, 안쪽에 있던 책방 청년이 나를 붙잡았다. 조지아어로 쓰인 작은 크기의 책을 사고 싶다는 말을 흘려듣지 않고 있다가 급히 찾은 '작은' 책을 선물로 건네주는 것이다.

아, 이 작은 책이 얼마나 큰 의미가 되어 돌아오는지!

# 개와 고양이의 시간

트빌리시는 어쩌면 개와 고양이의 도시였는지도 모른다. 그들이 평화롭게 살고 있던 땅에 사람들이 마을을 만들었을 것이다. 따사로운 햇살 아래 늘어져 잠을 자거나 터벅터벅 걸어 다니는 개들을 보면 그들에게 이곳은 천국임이 분명하다.

조지아에서는 과거에 여행자의 숫자만큼 많은 개와 고양이를 문제 삼은 적이 있다고 한다. 사람을 다치게 한 사례가 종종 있었기 때문이다. 그렇다고 이제 와 여행길을 걱정할 필요는 없다. 조지아에서 자주 보는 소나 개의 귀에는 작은 태그가 붙어있는데, 이는 필요한 백신을 다 맞았고 중성화되었으며, 공격성이 없는 착한 개라는 것을 증명하는 표식이다.

(TVNR program : Tag/Neuter/Vaccinate/Return)

조지아 사람들이 개를 좋아하는 마음은 반반인 것 같다. 특별히 보살피지도, 기피하지도 않는다. 있는 듯 없는 듯 서로에게 무관심하다. 개와 고양이와 사람은 서로의 눈치를 볼 것도 없이 각자 갈 길을 간다. 대부분 평화롭게 낮잠을 자고 있던 이들은 저녁시간이 되면 야외 테이

블 근처에서 밥을 구걸한다. 가끔은 졸졸 따라오기도 한다. 여행자들은
내키는 대로 함께 걷거나, 빵을 조금 나누어 주거나 하면 되는 것이다.

## 과거와 현재가
## 공존하는 도시

트빌리시는 올드타운과 뉴타운의 매력을 동시에 내뿜는다. 걸어서 혹은, 지하철을 타고 보이지 않는 경계를 넘나들며 두 가지 매력을 다 느끼기에 시간은 턱없이 부족하다. 오래 살았지만 매일 새롭기만 한 서울과 닮아있다.

지하철을 탔다. 요금 단돈 0.5라리(약 200원)로 지하철 노선 닿는 어디든 갈 수 있다. 돌아오는 길에는 시내버스를 탔는데 가격은 같다. 트빌리시 지하철의 특징은 굉장히 깊숙한 곳에 있다는 것인데, 러시아의 것과 비슷하다. 지하철을 타러 내려가는 에스컬레이터 길이가 무지막지하게 길다. 심지어 경사도 높게 느껴지고, 오르내리는 속도도 빠른데, 특별한 안전장치는 없어 보였다. 장난치는 학생들을 보며 괜히 마음을 졸이고 말았지만, 한편으론 스릴감 넘쳤달까.

므츠바리 강에 바다 내음이 묻어 흘러 들어온다. 강 주변으로 터전을 잡은 마을은 겹겹의 시간을 보내고 여행자를 맞는 관광지로 자리 잡았다. 짙은 녹색 빛이 감돌다가도 반짝이는 햇살 아래서는 에메랄드빛인 므츠바리 강을 중심으로 트빌리시의 올드타운은 생생하게 숨

쉬고 있다.

펑키한 카페에 장식처럼 튀어나온 발코니는 곧 떨어질 것만 같아 아슬아슬하다. 널찍한 공원에 졸졸 흐르는 물줄기와 아티스틱한 조형물은 묘하게 어울린다. 루스타벨리 거리 4차선 도로 양옆으로 늘어선 레스토랑과 샵을 방문하는 현지인들은 둘째가라면 서러울 정도로 패션에 민감하다.

자갈길을 걷다가 한껏 고개를 꺾어 창문을 올려다보는 재미, 살짝 열린 문틈으로 삐져나오는 빵 내음에 이끌렸다가 벽에 그려진 그라피티에 눈길을 빼앗기는 시간, 망가졌지만 여전히 잘 굴러가는 메르세데스 벤츠를 타고 하는 자동차 여행, 수세기 전부터 있어온 교회와 대비되는 화려한 건축물들은 트빌리시에서 느끼는 매력의 십분의 일쯤 될까?

아… 지금도 조지아의 향기가 콧잔등에 남아 있는 것 같다.

# Georgia

대체 조지아에 뭐가 있는데요?

---

**초판1쇄** 2020년 3월 27일 **초판4쇄** 2023년 7월 28일 **지은이** 권호영 **펴낸이** 한효정 **편집교정** 김정민 **기획** 박자연, 강문희 **디자인** 화목, 이선희 **일러스트** 권호영 **마케팅** 유인철, 임지나 **펴낸곳** 도서출판 푸른향기 **출판등록** 2004년 9월 16일 제 320-2004-54호 **주소** 서울 영등포구 선유로 43가길 24 104-1002 (07210) **이메일** prunbook@naver.com **전화번호** 02-2671-5663 **팩스** 02-2671-5662 **홈페이지** prunbook.com | facebook.com/prunbook | instagram.com/prunbook

ISBN 978-89-6782-103-6 03920
ⓒ 권호영, 2020, Printed in Korea

**책값은 뒤표지에 있습니다.**

이 도서의 국립중앙도서관 출판예정도서목록(CIP)은 서지정보유통지원시스템 홈페이지(http://seoji.nl.go.kr)와 국가자료공동목록시스템(http://www.nl.go.kr/kolisnet)에서 이용하실 수 있습니다.
CIP제어번호 : CIP2020009372